다짐 글

"느린 노트북"은 기억하기 위한 다짐 글.

기억이란 생각해내는 것이자, 기억해두는 것. RE·MEMBER.

뿔뿔이 흩어진 것을 다시 한 번 이어 붙이는 것.

slow down

생각해내려고 우리는 걸음을 늦추고, 잊지 않으려고

멈춰 서서, 이어 붙이려고 때로는 버티고 있거나

엎드려 누워서 눈을 감는다. 생각해내지 않으려고 우리는

머리를 흔들고, 잊어버리려고 빠른 발로 걷고 달리기도 하고,

술을 마시거나 빨리 먹어 치우기로 하고…… →Speed up

서두르면 잊어버린다. 잊어버리기 위해 서두른다. 바빠서 마음을 잊고

마음을 잊고 싶어서 바쁘게 움직인다. 서두르면 도망간다.

도망치기 위해 서두른다. (FAST FAST FAST!)

천천히 걸어가면 생각이 난다. 멈추면 이음새가 되돌아온다.

시간을 들이면 넓어지고 깊어진다. 기다린다. 기다리게 한다.

영혼이 따라올 때까지. 그리고 또다시 천천히 걸음을 내디딘다.

이번에는 영혼을 내버려두고 가지 않도록. (SLOWLY SLOWLY!)

리멤버. 마음에 새긴다. 간직한다. 붙친다.

느린 노트북은 그리운 미래를 위한 비망록.

2008년 봄

辻 信一
(쓰지 신이치)

자연농,
느림과
기다림의
철학

自然農という生き方～いのちの道をたんたんと

Copyright©2011 Yoshikazu Kawaguchi, Tsuji Shinichi
Korean Translation Copyright©2015 by Nulmin Books
This Translation is published by arrangement with otsukishoten(大月書店)
through cuon inc.

All rights reserved.

자연농,
느림과
기다림의
철학

자연농의 대가와
문화인류학자가
담담하게 나누는

새로운 삶의 방식과
생명의 길

쓰지 신이치 · 가와구치 요시카즈 지음
임경택 옮김

한국어판
서문

친애하는 한국의 독자 여러분!

이번에 이렇게 『자연농, 느림과 기다림의 철학』을 한국에서 번역·출판하게 된 것이 제게는 더없는 행복입니다. 이미 가와구치 요시카즈 선생의 저작을 읽고 자연농의 지도자로서 그분을 알고 계신 분도 있을 것입니다. 이 책은 가와구치 선생과 대담을 주고받으며 자연농의 사상적 배경을 다시 한 번 살펴보고, 여태까지 그다지 알려지지 않았던 가와구치 선생의 인생에 대해서도 들어보려고 노력했습니다. 농사법으로서의 자연농에 흥미를 가지신 분들뿐만 아니라, 여러 가지 직업을 가지고 여러 가지 인생을 보내고 계신 분들께도 널리 "삶의 방식으로서의 자연농"을 소개해드리고 싶습니다.

가와구치 선생의 이상은 "자연의 길", "사람의 길", "자신의 길"을 조화시켜 삼위일체를 이루게 하는 것입니다. 그러나 현실은 어떠한가요? 현대사회에서는 그 길들이 각각 따로 떨어져 있고 상실되어 가고 있는 듯이 보입니다.

한국이나 일본에서도 근대화와 함께 "자연의 일부로서의 인간"이라는 전통적인 인간관은 대부분 잃어버리고, 자연은 자신들의 바깥에 있는 "환경" 또는 단지 자신들이 이용할 수 있는 "자원"으로 단순화되고 축소되어 왔습니다.

이 인간과 자연의 분리야말로 인류의 생존 그 자체를 위협하는 환경 위기를 불러일으킨 원인입니다. 이 분리로 인해 경제가 자유롭게 날갯짓할 수 있게 되었기 때문입니다. 어머니와 같은 대지로부터 신성함을 앗아 갔고, 그것을 단순한 광물자원, 농업용지, 공업용수, 에너지 자원 등으로 간주하고 폄하함으로써 현대의 경제는 성립되었습니다.

특히 급속도의 세계화의 흐름 안에서 "우등생"임을 자인하는 한국이나 일본은 계속적으로 대기업을 최우선시하는 정책을 취하는 한편, 제1차 산업이나 중소기업에 희생을 강요해왔습니다. 그 사이에 지역의 쇠퇴는 계속되었고, 인구는 도시에 집중되었으며, 빈부의 격차도 확대되어 왔습니다. 과거에 비영리로 이루어지던 활동의 대부분이 가정과 지역사회로부터 떨어져 나가, 오락, 교육, 육아, 간호, 간병 등도 기업에 의한 비즈니스가 되었습니다.

미국의 농민사상가 웬들 베리의 말을 빌리면, 우리 현대인은 생활의 대부분을 대기업이 "대행"하도록 권리를 넘기고 생활인에서 일개 소비자로 전락했습니다.

자연을 파괴하고 사회를 황폐하게 만들며 지역사회를 쇠퇴시키는 경제체제가 지속 불가능하다는 것은 분명합니다. 그럼에도 불구하고 아직도 많은 사람들이 그 체제에 희망을 걸고 거기에 계속해서 투자를 하는 것은 무엇 때문일까요?

다시 베리의 말을 빌리자면, 그것은 단지 잘못된 경제 관리 탓입니다. 금융이라는 이름의 가짜 경제에 의해 겉치레만이 부각되고, 진정한 실체 경제와 진정한 풍요로움은 자리를 빼앗기고 만 것입니다. 그러나 우리 중 많은 사람들이 그 겉치레에 눈이 어두워져 있습니다.

대전환의 시대입니다. 그것은 사회의 대전환과 동시에 자기 자신의 대전환입니다. 그것은 이미 한국에서, 일본에서, 전 세계 이곳저곳에서 시작되고 있습니다.

개개인들에게 대전환은 자연과의 유대를 되돌리고 다시금 "자연의 길"을 걷기 시작했다는 것을 의미할 것입니다. 자신을 자연의 바깥에 둔 채로 환경문제를 해결할 수는 없습니다. 가와구치 선생이 말씀하듯이, 원래 문제를 해결하기 위해서는 그 문제의 "답을 살아갈" 수밖에 없습니다.

사회의 관점에서 보면, 그것은 전 세계에서 지역사회로의 전환을 의미할 것입니다. 그 현지화가 어디부터 시작되겠습니까? 확실한 답 중 하나는 현지에서 생산한 먹을거리에 의해 지역 자립을 되돌리는 것.

생산자와 소비자의 거리를 좁히고, 유대를 강화하고, 그를 통해 지역 경제를 다시 일으켜 세울 기둥으로 삼는 것입니다.

이러한 대전환의 시대의 키워드는 자연농입니다. 그 사상은 이미 삶의 방식의 전환을 위해 많은 일본 사람들이 받아들이기 시작했으며, 이미 그들 가운데에서 빛을 내고 있습니다.

자연농 안에 동아시아의 전통적인 세계관이 숨 쉬고 있습니다. 한국과 일본, 그리고 최근에 이 책의 번역서가 막 출간된 중국의 민중들이 자연농을 매개로 서로 유대하는 것은 필연적이라고 저는 생각합니다. 이 동아시아로부터 반드시 생태적이고 평화로우며 인간다운 세계를 만들기 위한 일대 운동을 일으켜야 하지 않겠습니까? 이 책이 그 일을 위해 조금이라도 보탬이 된다면 제게는 더없는 기쁨이겠습니다.

쓰지 신이치(이규^{李珪})

들어가며
쓰지 신이치

2010년 8월 말, 나라 현 사쿠라이 시에 있는 마키무쿠 유적의 발굴조사 현장. 나는 이 토지의 소유자인 가와구치 요시카즈 선생의 옆에 서 있다. 기록적인 더위는 아직 가라앉을 줄 모르고, 태양은 지글지글 대지를 태우고 있다. 사람들은 그 위에 납작 엎드려 발굴 작업을 계속하고 있다.

그 모습을 지금 일본 전체에서 많은 사람들이 마른침을 삼키며 지켜보고 있다고 한다. 2009년에 시작된 발굴조사로 여기에서 유구遺構가 발견되었는데, 이로 인해 이곳이 야마타이 국의 여왕 히미코의 궁전이었다는 견해가 유력해졌던 것이다. 야마타이 국의 위치를 둘러싼 100년에 걸친 논쟁에 종지부를 찍게 된다면 그것은 일본 고고학에 있어서 21세기 최대의 발견이 될 것이라고, 우리를 안내해주었던 현장조사원이 흐르는 땀을 닦아가며 이야기했다.

그는 토지의 소유자인 가와구치 선생을 정중히 맞이했고 발굴의 진척 상황을 자세히 설명했다. 가와구치 선생은 말수는 적었지만 맞장구를 치면서 물끄러미 발굴 현장을 바라보고 있다. 그 마음에 무엇이 스쳐 간 것일까? 1700년 전에 여기에 서 있었던 건물을 상상하고 있을까? 또는 과거에는 논이었던 이 장소에서 시행착오를 겪어가며 자연농을 확립해갔던 나날들을 생각하고 있는 것일까?

나는 어땠을까? 더위 탓도 있어서 현기증마저 일었다. 자연농 발상의 땅이 고대 일본의 발상지이기도 하다면 그것은 또한 얼마나 불가사의한 인연인 것인가?

마키무쿠 유적의 발굴 현장을 견학한 그날을 포함해 가와구치 선생의 논에서 난 벼가 아직 작았던 초여름부터 탈곡 작업이 이루어졌던 초겨울까지, 나는 몇 번인가 가와구치 선생 댁을 방문해 이야기를 들었다. 그 이야기를 정리한 것이 이 책이다. 발굴 현장은 JR 마키무쿠 역에 인접해 있었다. 그 역에서 가와구치 선생 댁까지는 걸어서 7,8분. 5분 정도 더 걸어가면 현재의 가와구치 자연농전自然農田이 있다. 논에 댄 물은 국도의 건너편에 보이는 울창한 숲(게이코 천황릉이라 여겨지는 고분)에서 온 것이라 한다. 가와구치 선생이 태어나고 자란 고향은 말 그대로 일본이 농경 사회로서, 계급 사회로서 그리고 국가로서 발걸음을 내디던 요람의 땅이었던 것이다.

가을에도 발굴조사가 계속되어 일본 역사를 새로 쓸 정도로 귀중한 발견이 이어졌던 것 같다. 한편 나는 가와구치 선생과의 대화를 통해 그의 세계에 깊이 빠져들어 가면서 자연농이라는 것이 지닌 일본사적, 아니 세계사적인 의미를 더욱 분명히 알게 되었다.

전 세계의 농업은 근대화의 결과, 지금은 생명의 세계로부터 멀어져만 가고 있다. 농農과 식食이라는 인류의 생존 기반 그 자체가 시장경제 안에 말려들었고, 더욱이 세계화의 자유무역 와중에 내던져져 버렸다. 생산성 향상과 효율화라는 명목으로 많은 농가들이 보다 대규모의 농장에 흡수되었고, 자급적인 농사짓기는 해체되어 농민과 그 자제들의 다수가 어쩔 수 없이 도회지로 유출되어 버렸다. 농촌은 환금 작물을 대규모로 단일 재배하는 공장으로 바뀌었고, 거기에서 겨우 살아남은 사람들의 다수도 기계나 화학비료나 농약을 비롯한 공업 자재를 소비하는 측이 되어 많은 부채를 지고 거대한 사회 시스템에 의존도를 높여가고 있을 뿐이다.

이러한 급격한 변화를 가능하게 한 것이 화석연료이다. 염가의 석유를 물 쓰듯이 투입함으로써 "10의 에너지를 투입해 1을 얻는다."라는 부조리가 정당화되기에 이르렀다. 거꾸로 과거의 "1의 에너지를 투입해 10의 에너지를 얻는" 것과 같은 본래의 농법은 과거의 유물로 망각되어 가고 있다. 그리고 이제는 지구온난화의 원인의 40퍼센트 가까이가 직접적 또는 간접적으로 농업과 식산업과 관련되어 있다는 말조차 들린다. 생명을 키워야 할 행위가 인류의 미래에 최대의 위협으로 다가오고 있는 것이다.

그러한 시대를 맞이한 이때, 자연농이란 무엇을 의미하는 것인가?

그것은 뒤엉킨 실을 푸는 것처럼 농경이라는 인간 행위의 근본으로 다시 돌아가는 것임에 틀림이 없다. 그것은 마치 그 발굴 현장에서의 작업과 같이 위로 몇 겹이고 쌓인 것을 아주 정성스럽게 제거해가는 일이다.

쓸데없는 것들을 하나씩 뺄셈을 해나가면 결국에는 농農의 원형이 떠오르지 않을까? 인간과 대지가 당연히 맺어야 할 관계가 다시금 그 모습을 드러내지는 않을까?

내가 가와구치 선생을 처음 만나 뵌 것은 18년 전의 일이다. 14년에 걸친 해외 생활에서 돌아온 지 아직 2년, 내 나름대로 "일본을 재발견하기 위한" 여행 도중이었다. 거품 붕괴 이후에도 그 악몽에서 아직 완전히 깨어나지 않은 이 나라의 여러 곳을 방문하고서는, 장기간의 경제 성장이나 근대화라는 것이 지역의 하천이나 바다나 산에, 그리고 사람들의 마음에 미친 그 아픈 영향을 내 눈으로 목격했다. 그러나 그것은 동시에, 같은 장소에 싹트고 있었던 새로운 삶의 전망에 희망을 찾아내는 여행도 되었다. 이후 오늘에 이르기까지 그의 존재와 가르침은 나를 여러 가지 형태로 지탱해주었다. 해외에서 오신 손님을 포함해 적지 않은 사람들을 가와구치 선생에게 안내했다. 수차례에 걸친 취재에도 그는 항상 흔쾌히 대답해주셨다. 감사드리는 바이다.

2001년 9월에 출간된 『슬로 이즈 뷰티풀』의 제1장에도 가와구치 선생이 등장한다. 그 부분을 되돌아보자.

작년 여름, 호주에서 돌아온 환경단체의 대표 두 사람을 데리고 나라 현의 가와구치 요시카즈 선생 댁을 방문했다. 해외에도 서서히 알려지기 시작한 가와구치의 "자연농" 논밭을 내 눈으로 보고 싶다는 바람에서였다. 가와구치 선생은 여느 때처럼 논밭 하나하나를 친절하게 안내해주었다. 무농약, 무비료 그리고 불경不耕. 수전이라고 하기에는 물이 거의 보이지 않는 "숲"처럼 잡연한 밭에서 자란 벼는 이것이 벼인지 몰라볼 만큼 굵고 억셌다.

견학을 마치고 여느 때와 같이 별채의 객실에서 맛있는 저녁 식사를 들었다. 기계에 의존하지 않고 인간의 수작업의 도움을 받아가면서 천천히 "자신답게" 자란 곡물과 채소들이, 이윽고 수확되어 불을 넣거나 절이거나 조미되어 식탁에 올라온다. 패스트푸드의 대극, 슬로푸드란 바로 이것을 가리킨다.

그 식탁에서, 멀리서 온 환경운동가들에게 가와구치 선생은 "답하는 마음으로 사는 것"에 대해 이야기해주었다.

"본래 우리 인간은 모두 답하는 마음으로 사는 것이라고 생각합니다. 하지만 언제부터인가 물음을 세우고, 대답하면서 살아가는 대신에

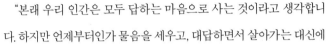
● 한국어 번역판은 권희정 옮김으로 2010년 일월서각에서 출간되었다._옮긴이

그 물음에 얽매여 사는 것처럼 되지는 않았는지요?"

환경운동을 예로 들어보자. 재래종의 종자를 절멸의 위기에서 지켜내는 것, 절멸 위기종이 생식하는 생태계를 보호하는 것, 이산화탄소의 배출을 규제하는 법률을 만드는 것, 대체에너지를 촉진하는 것, 원생림을 파괴로부터 지켜내는 것. 그것들 하나하나는 그 어느 것을 보더라도 심각한 문제이며 중요한 과제이다. 또한 그 어떤 것도 없어서는 안 될 대책이고 훌륭한 운동이라고 할 수 있다. 그러나 가와구치 선생은 묻는다. 그 문제들을 해결하기 위해 노력하는 것이 언제부터인가 "살아간다"는 것을 대신하려고 하지는 않는가? 문제를 쫓아가는 것에만 바쁘고 가장 중요한 "살아가는" 것을 소홀히 하지는 않는가?

"현대의 농민들도 그렇지요. 옛날에는 농민의 삶 그 자체였던 농사가 언제부터인가 해결해야 할 문제로서의 농업이 되어버렸습니다. 목표하는 수확량, 연 수입 목표를 달성하기 위해 여러 가지 수단을 강구하지요. 설계도의 포로가 되어버린 것입니다. 그러므로 지금의 농업은 씨뿌리기 때나 모내기 때에는 불안이 가득합니다. 과연 계획대로 싹이 나올까? 벌레가 생기지는 않을까? 미래에 대한 불안이 끓어오르는 것입니다. 그러나 본래 농민이 밭에 씨를 뿌릴 때에는 아무런 불안이 없습니다. 마음 놓고 안심할 수 있으므로 즐거운 것입니다. 미래에 사로잡히지 않는다. 지금을 살아간다. 현재 안에는 과거도 미래도 떨어지지 않고

들어와 있다. 대답하는 마음으로 살아간다는 것은 그런 것이라고 생각
　합니다."

점점 수치가 커지는 확대 지향과 덧셈의 발상 앞에서는 불안이 끓어
오른다. 거꾸로, 논밭을 갈지 않는다, 농약도 사용하지 않는다, 동력 기
계도 사용하지 않는다, 논밭에 아무것도 넣지 않는다, 논밭에서 아무
것도 가져가지 않는다, 벌레나 풀이나 새를 적으로 삼지 않는다와 같
이 "하지 않는 것투성이"의 뺄셈이야말로 큰 안심을 가져다준다. 하지
만 현실은 어떠한가? 그로부터 10년, 사람들의 불안과 초조는 심해지
고 세계의 위기는 점점 더 깊어져 가는 것처럼 보인다. 하지만 그 한편
에서 가와구치 선생의 가르침은 일본 내 몇천 몇만의 사람들에게 전
해져, 그때의 싹이 지금은 자연농의 벼처럼 그 뿌리를 튼튼히 내리고
굵고 억세게 자라고 있는 것도 틀림없는 사실이다.

세계는 드디어 전환점에 서 있다. 지금이야말로 다시금 자연농이란 무
엇인가 다시 물어보도록 하자. 그리고 가와구치 선생의 삶에 주목해
그 말에 귀를 기울여보자. 거기에는 대전환기를 살아가기 위한 지혜
가 가득 차 있을 것이다.
　책을 읽고 움직인다. 움직이면서 책을 읽는다. 그것이 "느린 노트

북"●이다.

충실한 열매를 맺는 독서가 되기를 빈다.

● 쓰지 신이치는 자연과 슬로라이프를 주제로 여러 인사들과 나눈 대담을 「느린 노트북」이라는 시리즈로 출간했다. 본 책은 「느린 노트북」 시리즈의 8권으로 출간되었다._옮긴이

목차

제2부 자연농은 생명의 길

제3부 대답은 여기에

일러두기

1 이 책은 2011년에 발간된 일본 오쓰키쇼텐(大月書店)의 『自然農という生き方～いのちの道をたんた
   んと』를 번역한 책으로, 자연농의 대가 가와구치 요시카즈와 문화인류학자이자 환경운동가인 쓰지
   신이치의 대담을 수록한 것이다.

2 가와구치 요시카즈의 말은 "가"로, 쓰지 신이치의 말은 "쓰"로 표기하였다.

3 주석은 원주와 옮긴이주로 이루어져 있는데, 옮긴이주는 "_옮긴이"를 붙여 따로 표시해두었다.

제1부

아름다운 삶을 찾아서

쓰   제가 처음으로 가와구치 선생님 댁을 찾은 것은 1993년이었다고 생각합니다.

가   아, 그렇게나 되었나요?

쓰   어머님께서 살아계실 때였죠. 그 전해의 가을, 저는 막 부임했던 메이지가쿠인대학에서 "또 하나의 콜럼버스 500년"이라는 국제회의를 기획해 기조 강연으로 캐나다의 환경과학자 데이비드 스즈키•를 불렀습니다. 그 후 그와 함께 책을 쓰기 위해 일본을 여행했습니다. 그 여행 중에 가와구치 선생님 댁에도 들렀던 것입니다. 홋카이도에서 오키나와까지 이야기들을 받아 적으며 다녔고, 그것을 『또 하나의 일본』••이라는 책으로 묶어 냈습니다. 출판된 것은 1996년입니다. 그때의 여행에서 많은 사람들과 만났고 이야기를 들었는데, 저와 데이비드 스즈키 모두 가와구치 선생님에게서는 특별히 강한 인상을 받았습니다. 지금 생각해보면 스즈키는 세계에서 손꼽히는 환경문제의 전문가로서, 가와구치 선생님의 자연농이 가지고 있는 세계사적 의미를 적확하게 파악하고 있었다고 생각합니다.

•   생물학자이자 환경운동가. 환경 비영리단체 데이비드 스즈키 재단 주재. 캐나다 CBC TV의 "Nature of Things"의 호스트도 역임했다. 저서로 「생명 안에 있는 지구」, 「너는 지구다—데이비드 박사의 환경과학 입문」 등이 있다.

그 이후에 저도 환경활동가로서 때때로 가와구치 선생님 댁에 얼굴을 내밀거나 관동 지방 어딘가에서 만나기도 하고 또는 책을 읽으면서 선생님의 지혜를 빌려왔는데, 시간을 들여 천천히 잘 정리된 이야기를 듣고 싶다고 줄곧 생각해왔습니다. 그것이 이렇게 실현되어 정말 기쁩니다. 오늘 찾아뵙고 이야기할 것은 물론 농사가 중심이 되겠지만, 그것과 나누어 생각하기 힘든 의, 식, 교육과, 그리고 더욱 심각해지고 있는 환경문제나 사회적 문제에 대해서도 논의해보고 싶습니다. 지금 젊은이들 사이에서 농사와 관련된 생활 방식에 대한 관심이 급속도로 높아지고 있습니다. 그 젊은이들을 위해 이 시대를 어떻게 살아가야 할 것인지 말씀해주십시오.

가　예술 이야기도 포함해서이지요.

쓰　네, 맞아요. 그것도 중요하지요.

●● 한국어 번역판은 이한중 옮김으로 2014년 양철북에서 출간되었다. _옮긴이

전쟁과 가족

쓰   그럼 우선 시간 순서에 따라 태어날 때 얘기부터 해보지요.

가   1939년, 제2차 세계대전이 한창인 때에 태어났습니다. 구
      실을 대는 것은 아니지만, 전쟁이 불행한 사건이라는 것을
      피부로 느끼면서 자랐습니다. 작은 마을에서도 공습경보
      가 울리면 준비하고 있던 방공 보자기를 쓰고 약간의 먹
      을 것을 허리춤에 찬 주머니에 넣고 밭에 파둔 방공호로
      도망갔습니다. 그때의 기분을 아직도 잘 기억하고 있습니
      다. 왠지 싫었고 마음이 불안해서 견딜 수 없었습니다. 공
      포도 느꼈습니다. 나이 어린 형제가 다섯 명 있었는데, 할
      머니가 보살펴주셨습니다.

쓰   태어나신 곳도 여기[●]입니까?

가   네. 여기서 태어나 여기서 자랐습니다. 제가 태어났을 때
      할아버지는 이미 돌아가시고 안 계셨습니다. 아버지는 징
      병 검사 때 눈이 나빴던지 전쟁터로 가지 않고 농사를 지

●   현재의 가와구치의 거주지는 나라 현 사쿠라이 시에 있다._옮긴이

24

었습니다. 고모의 남편은 전장으로 갔고 도쿄의 집도 오사카의 집도 타버렸기 때문에 그 가족들도 여기로 귀환해 여러 가족이 함께 살았습니다.

쓰 네. 이 집에 몇 가족이 사셨습니까?

가 세 가족입니다. 우리 집에 아이들 다섯이 있었고, 다른 두 가족도 넷, 다섯이 있었습니다. 상당히 많은 사람들이 한 지붕 밑에서 산 것이지요. 저는 패전한 이듬해 봄, 초등학교에 입학했습니다. 마키무쿠 역 바로 앞에 학교가 있었는데 집에서 걸어서 바로 갈 수 있었습니다. 당시에는 이 역은 아직 없었고 전차를 타려면 앞의 역까지 걸어서 가야 했답니다. 어머니가 셋 있는 세 가족이 아버지가 중심이 되어 남자 손 하나로 생활했던 거지요.

쓰 남자 손 하나라는 것은 무슨 뜻이지요?

가 두 가족 모두 네 명과 다섯 명의 어린아이들을 두고 부친이 둘 다 전사했던 것입니다.

쓰 **그렇다면 아버지가 한 분, 어머니가 세 분, 할머니가 한 분, 거기에 아이들이 열네 명! 아마도 아버지께서 무척 고생하셨겠네요.**

가 어른들은 어두운 기분일 수밖에 없었을 것입니다. 그것은 아이들에게도 그대로 전해졌지요. 낮에 아이들은 들에 나가 놀았는데, 놀다 보면 아이들 나름대로의 즐거움이 가득해져서 집에 들어가고 싶지 않았습니다. 날이 저물어오면 각자 집으로 돌아가야 했기 때문에 날이 저무는 것이 섭섭하다는 생각을 강하게 품고 있었습니다.

쓰 **그 어둠은 경제적인 곤란을 말합니까?**

가 거기에다 전시 중의 고생, 그리고 패전 후에는 전쟁에 패했다는 정신적인 어둠도 있었다고 생각합니다.

쓰 **한편으로는 겨우 전쟁이 끝나서 새로운 민주주의 국가로 재출발한 것인데, 희망이나 해방감은 없었을까요?**

가 특별히 없었던 걸로 생각합니다. 종전 직후, 미군이 지프를 타고 집 앞을 지나갈 때 초콜릿이나 껌을 던져줬기 때문에 아이들이 길가에서 그 지프를 기다리던 광경은 떠오릅니다만⋯⋯. 한편으로는 미군 병사가 쫓아와서 도망가지만 결국에는 막다른 곳에 몰려 총을 맞고 그 순간에 눈을 뜨는 무서운 꿈을 몇 번이고 꾸었습니다. 어른들이 심어준 공포감, 그리고 상황을 보고 느낀 공포감이 반영된 거라고 생각합니다. 공포가 침투한다고 할까, 거기에 오염된다고 할까⋯⋯.

쓰 그렇다면 어린 시절의 가와구치 선생님은 밤을 별로 좋아하지 않았습니까?

가 네. 전쟁 당시에는 램프 생활을 했잖아요. 램프는 전기와 달리 어둡습니다. 전구에 불이 들어왔을 때에는 너무 밝아서 놀랄 정도였지요. 난방이나 냉방도 없어서 밤에는 화로 하나로 몸을 녹였습니다. 뭐든지 어두웠고, 마음도 밝아지지 않았습니다.

쓰 아버님께선 여기에서 태어나고 자라셨습니까?

가 네. 대대로 이 집에서 살았습니다. 에도 시대부터 소작농으로 땅을 빌려 농업을 했습니다. 종전 후의 농지 해방 때, 아버지 대에 겨우 토지를 손에 넣을 수 있었던 것입니다. 어른들은 매일 가족을 먹여 살리는 데 쫓겼습니다. 열심히 생활했던 모습은 기억에 있지만, 저녁 무렵 한때 편안히 쉰다든지 여행을 한다든지 부모와 아이들이 함께 논다는 것은 전혀 없었습니다.

쓰 가족끼리의 대화는 어땠나요?

가 대화다운 대화는 없었습니다. 그 어려웠던 상황에서 지냈기 때문에…… 그게 고작이었습니다.

쓰 형제분은?

가 저는 다섯 형제 중 세번째로, 위로 누나 두 명에 이어 기다리고 기다리던 농가의 장남으로 태어났습니다. 아버지도 농가의 장남이었습니다. 아래로는 남동생과 여동생이 한 명씩 있습니다.

쓰   **여기에서 같이 살던 사촌들도 형제 같은 관계였겠네요?**

가   아이들은 모두 저와 비슷한 나이였는데, 9년 정도 지나 사쿠라이 시가 모자 가정을 위한 작은 주거지를 만들어주었습니다. 복지의 시작이었지요. 그래서 거기에 들어가거나 남편의 본가 근처의 연립주택에 살든지, 각각 적당한 장소를 찾아가 생활을 시작했습니다.

쓰   **그때까지는 어머니 세 분과 할머니가 평소 부엌일 등을 도와주셨던 겁니까?**

가   당시의 농업은 모두 수작업이었으므로 어머니는 아버지와 함께 논에 나가서 집에는 거의 안 계셨습니다. 아주머니들도 도와주셨다고 생각합니다. 식사는 할머니가 담당했던 것 같습니다. 식량이 부족한 시대였으므로, 재배한 채소와 쌀을 도회지*로 팔러 가든지 해서 세 가족 각각

* 오사카를 말한다._옮긴이

식사를 마련했습니다.

쓰 **어머님에 대해 이야기해주십시오.**

가 어머니는 이웃의 텐리 시 출신이고, 전업농가에서 나고 자란 사람입니다. 적극적으로 무언가를 만들어내는 자질은 없었고 놓인 상황 안에서 자신의 역할을 매일매일 또박또박 해냈습니다.

쓰 **어머님과의 대화는 기억에 있습니까?**

가 아버지가 일찍 돌아가셔서 어머니와는 많은 대화를 했습니다.

쓰 **아버님은 언제쯤 돌아가셨습니까?**

가 제가 초등학교 6학년 때였습니다. 아버지가 떠나신 후에는 어머니가 어린 다섯 명의 아이들을 열심히 키웠고, 할머니가 가족을 지탱해주셨습니다. 저도 그때부터 3년 후에는 중학교를 졸업해 농사일을 하면서 바로 전업농가가 되었습니다. 어머니와 함께 논에 나가는 길에 여러 가지 이야기를 했습니다. 동생들과 누나들이 일찍 결혼해서 집을 떠나고 나서는 할머니와 어머니와 저 세 사람만 남았습니다. 할머니가 아흔이 넘어 돌아가시고는 어머니와 저 두 사람의 생활이 오래 계속되었습니다.

쓰 **형제분들은 모두 결혼을 하거나 집을 떠나신 거군요.**

가 농가에서 자라 전업농가의 고생을 몸에 사무치게 알고 있었으니 농사일은 싫다는 생각이 강했을 것입니다. 누나 두 명은 중학교를 졸업하고 일을 배우면서 각자 취직하거나 손일을 하든지 하다가 농가가 아닌 곳으로 시집을 갔습니다. 남동생은 고등학교 졸업 후 조리사 전문학교를 다녔고, 졸업하고 나서는 오늘까지 그 길을 걸어가고 있습니다. 여동생은 고등학교 졸업 후에 바로 취직했고 결혼했습니다.

어린 시절

쓰　패전 후부터 이른바 고도 경제성장 시대에 걸쳐, 자신의 집
　　이 농가라는 것은 어떠한 것이었을까요?

가　종전 직후에는 식량이 부족했으므로 식량의 소중함을 알
　　게 되었던 때였습니다. 농업은 소중하다, 장남은 농가를 이
　　어야 한다는 생각으로 농가의 장남을 농업고교에 보내는
　　풍조가 아직 강했습니다. 저는 중학교를 졸업하고 바로 논
　　일을 했습니다. 하지만 아주 순식간에 식량 부족은 해소
　　되었고 공업 중심의 물질문명 세상이 되었습니다.

쓰　1960년대가 전환기일까요?

가　그렇습니다. 농업고교에 갔던 사람들도 논밭에 서지 않고
　　다른 방면으로 활로를 찾아갔습니다. 농업이 경시되어 갔
　　던 것입니다. 농가에서 자랐는데도 농민 자신을 낮게 자리
　　매김해 버리는 풍조가 있었습니다. 사회 전체도 농업을 경
　　시하는 역사는 변하지 않았습니다.

쓰　아버님, 어머님께선 선생님이 어떤 아이로 자라기를 바라셨나요?

가　특별히 그런 것은 없지 않았나 싶습니다. 아이들을 먹여 살리는 것이 고작이었고 그저 살아 있기만 하면 좋았지요. 그 대신 아이들은 부모로부터 자유로웠습니다.

쓰　쓸데없는 기대는 받지 않았던 거네요.

가　그러한 의미에서는 부모와 상관없이 마음대로 놀았습니다. 야산을 뛰어다니고 친구들과 놀았던 즐거운 기억이 남아 있지요. 놀면서 자연 안에서 몸을 사용하는 기술을 익혔습니다.

쓰　어떤 놀이를 했습니까?

가　어린 시절에는 논밭, 산, 냇가, 저수지 근처의 절을 놀이터로 삼아 숨바꼭질을 했고, 초등학교 시절에는 딱지치기, 구슬치기, 연날리기, 트럼프, 카루타●, 주사위 놀이 등을

● 일본 전통 카드놀이._옮긴이

했습니다. 막대기로 야구를 하기도 했지요. 놀이 도구는 아무것도 없었지만 놀이가 자연스럽게 생겨났습니다. 이윽고 조금씩 여러 가지 규칙이 만들어졌는데 저는 그게 싫었습니다. 예를 들면 저수지에서 수영하면 안 된다는 등. 그 규칙을 깨고 수영하러 갔다가 이튿날 어떻게 알았는지 선생님께 걸려서 교실 뒤에서 벌을 서기도 했지요. 왕릉의 해자에서 서툰 솜씨로 낚시를 하거나 수영을 하기도 했습니다.

쓰 **왕릉이란 바로 저기에 있는 게이코 천황릉을 말하는 거지요? 왕릉에서 그런 일도 할 수 있었네요?**

가 아무도 없었으니까요. 안에도 자유롭게 들어갔습니다.

쓰 **그런 의미에서는 개방적인 시대였네요.**

가 헤엄치는 법, 몸을 사용하는 법, 그리고 자연계의 "사물의 이치"의 기본을 자연과 함께 놀면서 익힐 수 있었습니다. 냇가에서 헤엄칠 때 어떻게 하면 냇가의 물을 막을 수 있을까 등등. 집 앞의 개울에는 장어나 잉어, 붕어와 새우도 있었습니다. 새우는 밤에 아래쪽에서 올라오기 때문에 대나무 바구니를 아래를 향해 놓아두면 이튿날 아침에 걸려들었습니다. 할머니가 그렇게 잡은 새우를 요리 맛국물로 사용하셨지요. 여름에는 소나기가 걷히고 나면 냇가에 넘치는 미꾸라지, 날아다니는 반딧불이, 매미, 하늘가재, 나비, 잠자리를 쫓아다녔습니다.

쓰 **물론 그 무렵에는 집 앞 개울에 콘크리트로 삼면을 바르지는 않았겠지요?**

가 네. 풀이 무성한 흙과 돌담이 있었습니다. 군데군데 무너져 내리기도 해서 그곳에서 멀리뛰기 시합을 하기도 하고, 개울 둔덕에 나란히 서서 누가 멀리 소변을 날리나 경쟁도 하고……. 아무런 간섭도 받지 않고 자유롭게 놀았습니다. 겨울이 되면 개울가에 얼음이 얼었고, 봄이 되면 개울 둔덕에 가득 핀 뱀밥을 뜯으러 가기도 했습니다. 그때마다 마음이 뛰었습니다. 그래서 노는 데에 흠뻑 빠져버렸지요.

쓰   저수지는 겨울에는 어떻게 되었습니까?

가   저수지는 새해가 오기 전에 물을 뺍니다. 양식하던 사람
은 붕어를 돈으로 바꾸었습니다. 아이들은 저수지 바닥에
말조개를 주우러 가서 숯불을 준비해 그것을 구워 먹기
도 하고……. 산에는 밤이나 이름 모를 나무 열매, 버섯, 고
사리를 캐러 갔습니다.

쓰   어린 시절에 집안일은 도와주셨습니까?

가   때로는 학교에서 돌아온 후 아나시의 산에서 마른나무나
떨어진 솔잎을 주워 와서 연료를 마련하는 것을 돕기도 했
습니다. 등에 한 짐을 지고 왔지요. 정미를 집에서 했기 때
문에 페달식 정미기를 밟는 것은 아이들의 일이었습니다.

쓰   그런 일을 고생이라고 생각한 적은 없었습니까?

가   형제가 다섯 명이나 되어서 그렇게 힘들지는 않았습니다.
그 역할의 대부분을 가장 위의 누나가 했습니다.

쓰 **먹는 것에 곤란을 겪은 적은 없었습니까?**

가 가난한 식사였지만 먹을 것이 없어서 곤란한 적은 없었습니다. 거꾸로 식량을 달라고 하면서 먹을 것을 사러 오는 사람들이 있었습니다. 그런 사람들을 보고, 어린 마음에 큰일이구나 하고 느꼈습니다. 형태가 좋은 작물은 출하했으므로 집에 있는 것은 형태가 나쁜 것이었지만, 먹을 것이라는 데에는 변함이 없었습니다. 물론 가난한 식사였지요. 죽뿐이었고 거기에다 고구마 줄기가 들어가 있을 뿐이었으니까요. 그런 식사를 계속했다고 기억합니다. 하지만 불행하다고는 생각하지 않았습니다. 생사 문제는 알지도 못한 채 씩씩하게 살았던 거지요.

쓰 **기본적으로 자급이 되었던 거네요. 거꾸로 어떤 것들을 구입하셨습니까?**

가 그렇지요. 집수리나 의복 수선도 부모님께서 직접 하셨기 때문에……. 마쓰리 축제 때에 정어리나 꽁치 등 계절 생선을 접대용으로 산다든가 하는 정도였지요. 마을에 백화

점이 있어서 일용품에서 관까지 무엇이든 갖추고 있었는
데, 거기에서 1년에 한 번 정월에 새 게다나 다비*를 사주
셨습니다. 새것이 좋아서 기뻐했던 기억이 납니다.

쓰   **두부는?**

가   두부는 이웃 마을 사람이 팔러 왔습니다. 된장이나 간장
은 할머니와 부모님이 직접 만드셨습니다. 된장, 간장의 맛
과 향기는 각별해서 잊히지 않습니다. 요즘 맛있다고 하는
간장이라도 맛이 다릅니다. 전혀 다르지요. 그리고 무엇을
샀더라……? 조림의 맛국물용으로 말린 청어나 말린 고
래 고기를 샀었는데 이게 정말 맛있었습니다.

쓰   **고기는요?**

가   마당에서 닭을 키웠기 때문에 달걀 요리는 종종 먹었습니
다. 감기에 걸렸을 때 원기를 회복시켜 준다면서 먹여주셨
지요. 닭이 달걀을 못 낳게 되면 마쓰리 같은 때에 잡아먹
었습니다. 아버지가 돌아가시고 나서는 저도 많이 잡았습

●   일본식 버선._옮긴이

니다. 절인 음식을 써는 것처럼은 되지 않았어요. 당연한 일이겠지만……. 되도록 돈을 쓰지 않으면서 살았습니다.

쓰   **가와구치 선생님 댁만이 아니라 마을 전체가 그랬겠지요.**

가   네, 그렇습니다. 간장은 마을에서 공동으로 큰 추출기를 가지고 있어서 그것으로 몇 년에 한 번씩 자기 집의 간장을 짜냈는데, 그렇게 해서 막 짜낸 간장의 향기나 맛은 몸으로 익혀서 알고 있는 것이라 잊지를 못합니다. 진정한 풍요로움이었지요. 똑똑 떨어지는 간장을 손가락으로 찍어서 먹었습니다. 막 지은 밥에 그 간장을 뿌려서 먹는 것도 각별한 맛이었어요. 또는 할머니가 감자엿을 만들어 젓가락에 말아서 먹도록 해주셨습니다. 아이들 여러 명이 솥을 둘러싸고 설레는 마음으로 솥 안을 들여다보곤 했습니다. 설탕으로 캐러멜 과자를 만들어주시거나 쌀가루나 밀가루로 경단을 만들어 구워주시거나 떡을 얇게 썰어서 말린 찰떡을 만들어주시기도 했지요. 그것보다 더 맛있는 것은 그 이후에는 없었습니다. 여러 가지가 생각나네요.

농가의 후계자가 되다

쓰   자, 좀 더 앞으로 나아가보죠. 중학교 시절에 대해서입니다
만……。

가   오오미와중학교에 자전거로 통학했습니다. 중학교를 졸
업하자 정해진 대로 농가를 이어받았습니다. 당시는 고등
학교에 진학하는 일이 일반화되기 시작해서 주위에는 고
등학교에 가는 사람도 많았지만, 제게는 어림도 없는 일이
었습니다.

쓰   아버님도 돌아가시고 어머님을 도와드려야 했겠군요.

가   중학교 때부터 이미 등교 전에는 어머니가 밭에서 가져온
채소를 커다란 짐칸이 달린 자전거로 청과시장에 실어내
는 일을 했었습니다.

쓰   공부는 어땠습니까?

가 그럭저럭 좋아하는 편이었습니다. 담임선생님이 "왜 진학하지 않니?"라고 교무실에서 물어보셨을 때 저도 모르게 눈물을 주르르 흘리며 울어버렸습니다. 그때까지는 그냥 그러려니 하고 생각했었는데…… 드디어 졸업 날이 다가오자 같은 반의 대부분이 고등학교로 진학해서 참으로 쓸쓸하고 괴로웠던 기억이 있습니다. 그래서 1년 후, NHK의 고교 통신강좌를 받기 시작했습니다. 한 해 동안 수강했는데, 도저히 계속할 수가 없어서 이번에는 야마토고오리야마의 정시제 고등학교에 다니기 시작했습니다. 낮에는 논에서 일하고 밤에는 고등학교에서 공부하고…….

쓰 **그건 통신강좌보다 더 힘드셨겠습니다.**

가 그렇게까지 할 바에는 중학교 졸업할 때에 억지로라도 진학을 선택하는 것이 좋았을 텐데, 자신의 인생 그림을 거기까지 그리지 못했습니다. 어쩔 수 없다고 생각하고 농민이 되는 것을 받아들였습니다. 하지만 농민이 되고 나서, 농업을 하면서 공부를 하면 장남으로서의 임무도 다할 수 없다는 것을 알게 되었습니다.

쓰 정시제 고등학교는 4년제이지요.

가 3년간 다녔는데 정신적으로나 육체적으로나 지쳐버렸습니다. 바로 그 무렵부터 제초제나 강력한 살충제 등의 농약이나 화학비료, 농업 기계가 세상에 나오기 시작했습니다. 그래서 저도 그때까지 모두 수작업으로 하고 있던 농사일에 경운기 등 석유를 사용해 움직이는 기계를 도입했고 살상력이 강한 농약을 사용하게 되었습니다.

쓰 그것은 어머님께서 정하신 것입니까?

가 저와 둘이서 정했습니다. 세상이 그런 흐름이었으니까 저도 어머니도 그 흐름을 탔던 거지요. 어머니는 주위에서 하는 것을 따라 하곤 했습니다. 그런 분이었지요. 분명히 작업도 수월해졌고, 저도 어머니도 할머니도 당연한 것으로 여기고 큰 기계나 농약을 도입했습니다. 당시에는 마을에 공동체의 기능이 남아 있어서 다 같이 협력해서 농약을 뿌렸던 것으로 기억합니다. 폴리돌*이 무섭다는 정보는 들어와 있어서 저도 마을 사람들도 공포감은 있었습니

---

* 농약의 상표명. 파라티온과 같은 유기인제이다. 중독되면 구토, 설사, 근육 마비 등의 증상이 나타난다._옮긴이

다. 모두 마스크를 쓰고 비닐로 만든 장옷을 걸치고 긴 호스로 뿌렸습니다. 주의 사항을 지켰던 것인데, "무서운 것"이라는 인식은 결여되어 있었던 거지요. 비닐 장옷을 걸치고 있었으므로 땀을 엄청나게 흘렸습니다. 작업을 서둘러 마친 후 밤에는 학교에 갔는데 토하거나 설사를 하거나 고열이 나거나 하는 현상이 일어나기 시작했습니다. 병원에 가서 간염으로 간장이 상했다는 진단을 받았습니다.

쓰　**그때 몇 살이셨습니까?**

가　스무 살 정도였어요. 결국 고등학교는 3년 다니고 중도 퇴학했습니다. 도저히 공부를 할 수 있는 심신 상태가 아니었습니다.

쓰　**심신의 "심" 말인데요…… 학교가 재미없었습니까?**

가　양쪽 다입니다. 재미없다고 할까? 지금이 자신의 인생 전개와 이어지지 않아서 "나의 인생이 이래도 좋은가?"라고 생각하기 시작했던 것입니다. 분명한 것은, 당초에는 공부하고 싶다고 생각해서 입학했지만 그사이에 무엇을 위해 공부를 하고 있는지 알 수 없게 되어버렸다는 것입니다. 삶이 보이지 않게 되었던 것입니다. 그래서 정신이 불안정해져서 차분하게 공부를 할 수 없었습니다. 제가 선택한 길임에도 불구하고 저 자신이 재미없게 만들어버렸던 것입니다.

예술가가 되고 싶다

가 바로 그 무렵부터 예술가가 되고 싶다는 초등학교 이래의 생각이 다시 강렬해졌습니다. 어린 시절부터 그림을 그리는 것을 좋아했습니다. 초등학생 시절, 어머니와 읍내에 나갔을 때 문구점 앞의 크레파스를 보고 뭐라고도 형언할 수 없는 아름다움에 마음을 빼앗겨서는, 사고 싶다고 그 자리에 주저앉아 절대 움직이지 않고 졸라댔던 추억이 있습니다. 말로 표현할 수 없는 아름다운 색깔의 크레파스가 큰 상자에 나란히 놓여 있었던 겁니다. 정말 갖고 싶어서 어쩔 줄을 몰랐지요……. 그 무렵부터 "아름다운 것에 종사하는 기쁨"을 동경했다고 생각합니다.

쓰 **학교에서 그림을 그릴 기회는 있었나요?**

가 학교에서도 집에서도 그렸습니다. 지금 생각해보면 현실로부터의 도피였는데, 그림을 그릴 때는 마음이 평화롭고 행복하고 즐거웠습니다. 그러던 중 일생을 이런 일을 하며 살아가고 싶다는 생각을 품게 되었습니다. 정시 고교에서 목적을 잃어가고 있던 저는 예술가가 되기로 결심하고 오사카 시립 덴노지 미술연구소에 다니기 시작했습니다.

쓰 **스무 살 때 고등학교를 관두고 바로 다닌 건가요?**

가 아니요. 2년 정도 후에 동생들이 학교를 졸업하고 나서였습니다. 두 동생들에게는 대학까지 진학하도록 권했지만, 남동생은 전문학교에 갔고 두 사람 모두 취직했습니다. 월요일부터 토요일까지 매일 도시락을 들고 거의 6년간 다녔습니다. 남동생이 생각을 물어 오면 "좋아하는 일을 하는 게 좋아."라고 말해주었습니다.

쓰 한편으로는 농업도 계속하셨지요. 농약을 사용하기 시작하면서 건강도 많이 안 좋아졌을 텐데요.

가 농약을 사용한 근대 농업을 계속해서 몸이 많이 상했습니다. 하지만 한편으로는 농약이나 기계가 들어오면서 농번기의 2개월만 논밭에 나가 있으면 나머지는 어머니에게 맡길 수 있게 되었습니다. 아버지가 돌아가신 후, 작은아버지가 많이 거들어주시고 도와주셨습니다. 그래서 남는 시간에 미술연구소에 다닐 수 있었지요. 그러한 의미에서는 농약이나 기계의 혜택을 본 셈입니다.

쓰 정시제 고등학교나 미술연구소의 학비는 어떻게 마련하셨습니까?

가 학비나 연구소의 비용은 거의 낼 필요가 없었기에 주로 교통비만 들었다고 생각합니다. 그렇기는 하지만 큰 기계를 사용하기 시작하자 농업 수지는 마이너스가 되었습니다. 경운기 등을 구입할 돈을 마련하기 위해 연구소에 다니기 전 농한기에는 2년 정도 선로 작업원 일을 하며 일용직 노동자로 생활하기도 했었습니다. 연구소에 갈 시간이 생긴 것은 기쁜 일이었지만 동시에 돈이 부족해져서 오사카 시내에서 주 2일 아르바이트를 시작했습니다. 고층 건물 사무실의 접수대나 사장실 등에 놓을 꽃꽂이를 하는 일이었습니다. 3~4년 정도 했던 것 같습니다.

쓰 **미술연구소에서는 무슨 공부를 했습니까?**

가 처음에는 주로 디자인을 공부했습니다. 그러다가 회화에도 삼차원을 다루는 능력이 필요하다고 생각해 조소 교실에도 들어갔습니다. 점토로 나부裸婦를 만드는 것이었습니다. 연구소에서 알게 된 동료는 시험을 봐서 교토나 도쿄의 예술대학에 갔는데, 그런 동료들을 이따금씩 방문해 공부하는 모습을 보거나 미술관 순례를 하면서 혼자서 공부했습니다.

쓰 **매우 열심히 공부하신 것 같군요.**

가 예술가가 되기 위해서는 좋은 그림을 그리지 못하면 안 된다, 어떻게 하면 정말로 좋은 그림을 그릴 수 있을까 생각했습니다. 그러다가 그것은 인간성의 성장밖에 없다는 것을 깨달았습니다. 그리고 정말 아름다운 뛰어난 예술 작품을 구별할 줄 아는 능력, 미추를 구별할 줄 아는 심미안을 길러야 한다고 혼자서 필사적으로 집중했습니다. 하지만 실제 삶은 예술가의 길을 걷지 않는 방향으로 흘러갔습니다. 능력의 부족을 깨달았고, 유명 예술가로 벌어먹고 사는 것이 내게는 어울리지 않으며 이 길이 내가 좋아하는 길이 아니라는 것을 깨달아갔던 것입니다.

쓰 **그 결론에 이르기까지의 일을 조금 더 자세하게 이야기주실 수 없을까요?**

가 심미안을 키우기 위해 전람회나 박물관, 미술관, 신사, 불상 순례 등을 하며 이십 대의 10년을 보냈는데, 동시에 미술계의 현실을 볼 기회가 때때로 있었습니다. 예를 들면, 가을에 전람회 시즌이 가까워지면 제 자신이 공부할 목적으로 조각가를 거들어주러 갔고, 심사회장에서 아르바이트를 하던 중에 선생의 제자라는 이유만으로 입선시켜

주는 장면 등을 보았던 것입니다. 좋고 나쁨의 구별, 미추의 구별을 하지 않는 세계였습니다. "이런 그림이 선정되다니."라는 불신감을 가지게 되었습니다. 청년기 초기의 제게는 큰 놀라움이었습니다. 그런 일들이 겹치면서 오염된 세계에 매력을 느끼지 못하게 되었고, 종국에는 사람에게 심사받는 것의 무의미함을 깨달았습니다. "이런 속세와 맞먹는 예술의 세계에는 들어가지 않겠다. 내 그림의 좋고 나쁨, 미추의 구별은 내가 판별한다. 예술을 하는 것의 진정한 기쁨을 얻고 싶다. 진정 의미 있는 인생을 살고 싶다."라고 결심했습니다. 예술을 직업으로 하는 것이 아니라 자신의 인생에 예술을 끌어들이는 길을 선택했습니다. 서른 살 때의 일입니다. 그 이래로 저의 인생에 예술은 빼놓을 수 없는 것이 되었습니다.

쓰 **예술가를 지향했을 때 큰 영향을 받았거나 영감의 근원이 되어준 사람은 없었습니까?**

가 특별히 없었습니다. 많은 작품을 보는 것부터 시작해 많은 작가의 언동이나 삶의 방식에서 한없이 많은 것을 배웠고 걸어가야 할 길을 보았습니다. 예술의 본질은 "미추의 구별을 밝히고 추로부터 벗어나 미로 살아가는 것"이라고 깨달았습니다. 현대 예술의 다수는 추악의 극점의 양상을 찾고 있습니다. 미술관에 가면 현대 작가들의 추악한 작품이 많이 진열되어 있는데, 비평가들은 그것들이 "시대를 상징하고 있다.", "개성이 대단하다."라고 극구 칭찬하면서 어둠에 빠져버립니다. 작가도 비평가도 예술의 본질을 밝히지 않고 가치를 역전시켜 세상을 혼란스럽게 하고 있습니다.

쓰 **세상을 혼란스럽게 하고 있다는 것이란?**

가 사회의 흐름으로 미를 멀리하고 추한 것에 가치를 부여하게 되면 큰일입니다. 사상이 근저에 있어야 그 시대성이고, 잘못된 사상은 사람들의 정서를 흐리게 하고 정신을 병들게 하며 인간 사회를 어지럽힙니다. 다음 세대는 그 가치관을 좋은 것으로 여기고 잘못이나 추악한 것을 빠른 속도로 발전시켜 나갑니다. 추악한 것을 좋은 것이라 하는 이 잘못을 바로잡아야 합니다. 예술뿐만이 아니라 농업을 비롯해 모든 분야에서 근본으로부터의 되물음이 필요합니다. 예술의 기본은 미를 극대화하는 것이며, 사람으로서의 마음의 문제, 정신의 문제, 인도의 문제입니다. 인류 전체가 미추의 구별을 밝혀내야 합니다. 저는 예술의 본질을 극대화하고 인생을 예술성이 풍부한 아름다운 것으로 만드는 삶을 걷기 시작했습니다. 인생에 예술은 빼놓을 수 없는 것이고, 추한 것에서 벗어나 진정한 미를 추구하고 미를 구현하는 인생을 살고 싶다고 생각해왔습니다. 이처럼 한 사람 한 사람의 구원받은 삶이 사회 전체에 나타날 때 아름답고 평화로운 인간 사회가 되는 것입니다.

쓰 **가치관이 혼란스러운 세상에서 미추의 구별을 밝히기 위해서는 어떻게 하면 좋겠습니까?**

가 인간성의 성장, 인격 형성을 위해 빼놓을 수 없는 것이 미와 추의 구별입니다. 미와 추는 모두 자신의 내부에 있는 것입니다. 오늘날 많은 사람들이 예술이라는 명목하에 추악한 마음을 토해내고 있습니다. 저속한 정신에서 나온 작품으로 인간 사회를 오염시키고 있는 것입니다. 추를 자신의 내부에 묻어두고, 추악에서 벗어나 추악에 마음을 빼앗기지 않고, 미를 좋아하고 선을 기뻐하는 사람으로 성장해야 합니다. 자신의 인생을 예술성이 풍부한 아름다운 날들로 채우고, 진정으로 아름다운 그림을 그리고, 뛰어난 조각상을 조각하며, 시가를 창작하고……. 인생을 아름다운 예술로 만들 수 있는 기본 능력을 기를 것, 즉 인간성을 성장시켜야 합니다. 미와 추의 구별을 분명히 하기 위해서는 여하튼 잘 봐야 하며, 전부 봐야 합니다. 미란 무엇이며 추는 무엇인가라는 질문을 계속하면서, 자신의 마음속에 있는 미와 추, 타인의 아름다운 모습과 추한 모습, 아름다운 작품과 추한 작품을 계속 지켜보면서 판별해가는 가운데 미를 섬세하게 만드는 심미안이 길러지는 것입니다. 솔직히 미를 좋아하고 추구하고, 진리를 추구하며 계속 접하는 사이에, 저절로 아름다운 것은 기뻐하게 되고 추한 것을 싫어하게 됩니다. 누구든지 본래는 진정한 아름다움을 좋아하고 선을 기뻐하는 성격을 내부에 품고 있기 때문입니다.

미추의 구별을 익히다

쓰 한편에서는 예술가로 살아간다는 이상이 있었지만, 한편에서는 농사를 짓고 있다는 현실이 있었습니다. 그 낙차에서 오는 실망감은 컸었나요?

가 항상 실망감과 열등감과 자신감 상실에 사로잡혀 있었지요. 그리는 능력도 미추의 차이를 분별하는 능력도 없었습니다. 이십 대의 청년기 전반에 나는 때로는 추악한 그림을 그리고 있었던 것입니다. 그때의 나는 전혀 구제받지 못해 괴로워하고 있었습니다. 예술가로의 길은 밝지 않았습니다. 하지만 그 괴로움으로부터 구제받고 미추의 구별을 익히며 뛰어난 예술가가 되고자 필사적으로 노력하는 사이에 조금씩 길이 보이기 시작했습니다. 그때까지 대단하다고 생각했던 사람들의 그림이 추하다는 것이 보였고, 납득이 되는 것을 그렸다고 생각했던 내 그림이 집착 덩어리, 자기현시욕의 덩어리였으며, 표면적인 미에 불과하고 형태만으로 정이 없는 물질을 그린 것에 불과하다는 것 들도 보였습니다.

쓰   그러한 깨달음이 찾아온 것 역시 서른 살 무렵이었습니까?

가   그렇습니다. 서른 살, 청년기의 후반에 들어섰을 무렵부터 였고 그때까지는 혼돈 안에 있었습니다.

쓰   그 전기에 대해 좀 더 자세하게 이야기해주십시오.

가   사람의 길, 나의 길을 얻지 못하고 놓쳐버렸기 때문에 더 는 살아갈 수 없었습니다. 제초제나 농약을 쓰고 싶지 않 았습니다. 마찬가지로 이렇게 추한 그림은 그리고 싶지 않 았습니다. 잘못이나 추한 것으로부터 벗어나려고 생각하 고, 미술연구소도 그만두고 차분한 나날의 생활을 소중 히 하면서 사람으로서의 성장을 도모하게 되었습니다.

쓰   제초제나 농약을 사용하고 싶지 않은 것과 추한 것으로부터 벗어나려는 두 가지 마음의 움직임은 병행해서 일어난 것이 네요?

가   네. 둘 다 저의 인간성의 문제인데, 추한 것으로부터 벗어나는 것과 농약으로부터 벗어나는 것은 거의 8년에서 10년 정도의 격차가 있었습니다. 농사에 대한 되물음이 늦어졌지요. 물욕과 명예욕에 사로잡힌 마음과, 그로부터 벗어난 아름다운 마음이 뒤섞여 혼란스러웠던 청년기의 전반은, 무엇을 그리면 좋은지도 몰랐고 자신감 상실과 자기혐오에 빠져버린 시기였습니다. 동시에 현대 예술계에 흥미를 잃고 벗어날 것을 결의하고 나서는, 오로지 혼자가 되어 자신의 성장만을 생각하게 되었습니다. 자택 뒤에 작은 화실을 만들어 그곳에 머무르면서, 약 10년간 좋아하는 대로 조소를 하고 그림을 그리고 책을 읽는 한편으로 서른여덟 살 무렵까지 임시변통의 화학농업을 계속했습니다.

쓰 그 후 몸 상태는 어땠습니까?

가 서른 살이 되었을 무렵에는 황달이 생겼습니다. 그리고 물이 차고 몸이 퉁퉁 붓기도 했습니다. 서른여섯 살 때에는 몸 상태가 최악에 달했습니다. 간장 기능이 많이 떨어졌었다고 생각합니다.

쓰 몸 상태가 좋지 않았던 원인이 농약에 있다는 것을 분명하게 알지 못했나요?

가 네. 아직 잘 몰랐습니다. 병원에서 차오른 물을 주사기로 뽑아내고 있을 때, 의사 선생이 "이런 일을 계속하면 몸에 좋지 않지만, 원인도 모르니 이것밖에 방법이 없습니다."라고 하는 말을 듣고, 이 무렵부터 원인을 근본적으로 끊어내는 삶을 살아가야겠구나 하고 생각하기 시작한 듯합니다.

쓰 이 근처에는 절이 많이 있는데, 불교예술에는 흥미가 없었습니까?

가 이십 대에 예술가를 지향했을 때부터 자주 절을 방문했습니다. 아스카 시대부터 나라, 헤이안, 가마쿠라, 무로마치의 순서에 따라 불상과 건축물을 보러 다녔습니다. 심미안을 기르고 싶어서 오로지 불상만을 보다가 불화나 벽화를 보고, 적극적으로 사람이 만든 것이나 그린 작품을 보았습니다. 그리고 느낀 것을 솔직하게 써 내려가기로 했습니다.

쓰 **어떤 불상을 좋아하셨습니까? 호불호라는 말이 괜찮을까요?**

가 호불호와 미추의 구별은 다릅니다. 제비꽃은 아름답다. 연꽃은 아름답다. 둘 다 아름다운 것이지만 어느 것을 좋아하는지는 개개인의 취향입니다. 미와 추는 어느 시대나 모든 사람에게 공통되는 보편의 것입니다. 예술의 기본이 되는 것은 미추를 구별하고 추로부터 벗어나 미를 창조하는 것입니다. 보는 것에 있어서도 진정으로 아름다운 것을 밝히는 눈을 길러야 합니다.

불상 이야기로 돌아가서, 예술성을 기르고 심미안을 육성하기 위해 불상을 자주 보았습니다. 불상을 본다는 것은 불사佛師의 인간성을 본다는 것이고 부처를 만든 불사와 조우하는 것입니다. 저는 아스카 시대의 불상에 이끌렸습니다. 그 시대의 불상이 가장 뛰어나다고 생각합니다. 중국에서 건너왔다고 하는 도리 불사*의 작품을 좋아하는데, 호류지에 있는 아스카 시대의 불상 중에서 뛰어

● 아스카 시대의 대표적인 불상 조각가. 구라쓰쿠리노도리라고도 불렸으며, 쇼토쿠 태자가 고용했다. 일본 최초의 본격적인 불사로서, 대표작으로 호류지 금당의 석가삼존상이 있다.

것들은 그의 작품입니다. 석가삼존상, 약사여래, 구세관음, 중궁사의 여의륜관음보살 등은 그의 청년기부터 장년기의 작품이라고 생각합니다. 노년기에 들어서 만든 구다라百濟관음*에는 깨달음의 경지를 볼 수 있습니다. 아스카지의 대불은 그의 청년기 초기의 것이라 생각합니다. 한 사람의 불사로서의 인간성의 성장 과정이 보입니다. 또한 나라 시대 초기의 하쿠호 시기에는 신선하고 싱싱하고 성실한 작품이 많습니다. 호류지의 유메다카이관음, 야쿠시지의 성관음보살입상, 덴표 시대에는 흥복사의 아수라상, 쇼린지의 십일관음상 등이 뛰어나고 제가 좋아하는 불상들입니다. 이미 국보로 지정되었지만 속된 마음이 강해 추한 것도 있습니다. 가마쿠라 시대에는 고케이의 자식들인 운케이와 가이케이**가 뛰어난 불상을 만들었지만, 아스카 시대의 도리 불사의 작품과는 크게 차이가 납니다.

쓰 **저도 최근에 한국에 갈 기회가 자주 있었는데, 고구려나 신라나 백제의 예술에는 압도당합니다.**

 가 그렇습니까? 저도 한국의 옛사람들이 높고 세련된 예술

* 구다라관음은 작자 미상이 정설이다._옮긴이

** 둘 다 가마쿠라 시대에 활약한 불사로서 후세의 불상 조각에 큰 영향을 미쳤다. 운케이와 가이케이가 합작한 도다이지 남대문 금강역사상은 두 사람의 대표작이다.

성으로 만든 불상이나 도자기 등, 민족성의 저 안쪽에 있는 깊은 종교관에 의해 길러진 아름답고 섬세한 고도의 정신성에 참으로 마음이 끌렸습니다. 인간이란 원래 추한 모습을 바깥으로 드러내지 않는 정말 아름다운 존재입니다.

자연농을 반대하신 어머니

쓰 가와구치 선생님이 미술학교에 가거나 여행을 떠나 집을 비웠을 때에는 논밭을 어머니께 맡겨두었겠군요. 어머니는 주변 농가들과 마찬가지로 담담하게 농약을 사용하는 농업을 하신 거네요.

가 네. 그랬습니다. 어머니는 주위를 따라 하는 사람이었습니다. 그런 어머니가 저의 인생에 두 번 큰 반대를 하셨습니다. 첫번째는 제가 예술가가 되겠다고 결심한 스무 살 무렵. 그리고 두번째는 제가 자연농을 시작했을 때였습니다. 첫번째 반대 때에는 제 형제를 설득하러 보내서 "예술로 밥 먹고 살 수 없다."며 어떻게 해서든 저의 의지를 바꾸어보려고 하셨습니다. 하지만 저는 제 뜻을 굽히지 않았습니다. 결국 어머니는 제가 집에 없는 사이에 논밭을 돌봐주셨습니다. 역시 자식 이기는 부모가 없는 거지요. 반대하시면서도 저와 함께 해주셨던 것입니다. 자연농으로 전환했을 때는 부끄럽다며 외출도 하지 않으셨고 그냥 자리에 몸져누우셨습니다. 십여 년간 정말 어려웠습니다.

쓰　네⋯⋯. 그런 식으로 같이 사셨군요.

가　이십 대는 미술연구소를 다니고 여행을 하며 생활했습니다. 아르바이트를 하면서 미술관 순례를 한다든가 스케치 여행을 한다든가 했는데, 어머니는 이에도 크게 반대하셨습니다. 언제 돌아올지도 모르고, 돈도 가져가지 않고 배낭 하나에 스케치북만 넣고 도쿄 방면이나 여기저기 돌아다녔던지라 걱정도 하시고 무엇보다도 외로워하셨습니다. 도쿄의 숙소로 여동생이 편지를 보내 와서 "어머니가 외로워서 밤에 잠을 못 주무셔서 이상해지셨어. 빨리 돌아와."라고 하기도 했습니다. 그래도 저는 저의 인생을 받아들일 수 있는 것으로 만들고 싶었습니다. 제 인생을 어머니 때문에 바꾸고 싶지는 않았습니다. 뭐라고 하셔도 제 의지를 관철하고 싶었습니다. 제 마음은 그렇게 굳어 있었습니다. 어머니가 외로워한다는 것은 제가 길을 떠날 때 매달리는 모습을 보고 알고 있었습니다. 매달리는 어머니를 두고 오늘 잘 곳도 없는 여행을 했기 때문에, 저도 본심으로는 집도 어머니도 그리웠습니다. 이 고독감을 이겨내야 한다고 저 자신을 타일렀습니다.

하지만 농번기의 모내기와 벼 베기 계절에는 돌아와야 했습니다. 제가 없으면 모내기나 벼 베기는 할 수 없었으니까요. 그와 같은 날들을 보내던 서른 살 무렵의 10월, 벼 베기를 위해 관동 방면에서 교토를 거쳐 전차로 야마토 분지로 들어서자 차창에 논이 펼쳐지고 황금색으로 물든 풍경이 나타났습니다. 그 풍요로운 경치에 마음이 고동치며 "여기가 나를 살리고 있다.", "여기야말로 평화가 있다."라고 생각했습니다. 그때였습니다. "이 여행을 마지막으로 이제 여기를 떠나는 것은 그만두자. 이제부터는 정주의 날을 보내자."라고 결심했습니다. "여기에서 평생 살아가자."라고.

쓰　그 마지막 여행에 대해서 조금 더 기억을 더듬어주십시오.

가　그때까지는 1주일에서 길게는 2개월 정도, 정신적으로 강해지고 싶다, 넓은 시야를 기르고 싶다, 예술 공부를 하고 싶다, 인간적으로 성장하고 싶다는 생각에 의해 움직였던 여행이었습니다. 그래도 역시 모내기와 벼 베기는 내버려둘 수 없었던 것입니다. 어떤 시기에는 집이나 논밭에 의존하고 있는 자신의 연약함을 견디기 힘들었고, 집이나 논밭을 버리고 벼를 태워버리고 한층 더 험한 곳에 몸을 두고 싶다고 생각한 적도 있었습니다.

쓰　벼를 태운다! 가와구치 선생님이 그런 것을 생각하다니요!

가　저 자신은 안이하게 몸을 맡길 수 있는 집이나 논밭이 있어서 논밭에 의존하고 있으므로 크고 강하게 자랄 수 없다고 생각했던 것입니다. 저 자신을 더욱 엄격하게 키우지 않고 이대로 간다면 인생은 끝장날 것이라고 생각했습니다. 그러나 이십 대의 마지막 여행의 끝자락에서 그 논밭에야말로 저 자신이 살아갈 기반이 있다는 것을 깨달았습니다. 그리고 실은 여기에서 살아가는 것이 훨씬 더 어렵다는 것도 알게 되었습니다. 나태와 안이를 좋아하기 쉬운 저는 "나태나 안이에 빠지기 쉬운 여기에서 자신에게 엄격하게 스스로를 키워가자."라고 결심했습니다. 예술의 길을 결심한 스무 살의 저는, 길을 선택할 때 "안이함을 피하고 곤란한 길을 선택한다."라는 것을 하나의 지침으로 삼았습니다.

쓰   그리고 그것이야말로 가치 있는 도전이라고 생각했군요!

가   네. 한곳에 자리를 잡고 변화 없는 단순한 농사 생활을 반복하는 중에도 예술적인 인생을 끝까지 살아보자고 생각했습니다. 제게는 이 농경 생활이 잘 맞습니다. 매일 격려해가면서 자신을 키워가자고 결심했습니다. 바깥으로 향하는 것에서 스스로 안으로 향하는 삶을 살기로 했던 것입니다. 그리하여 나고 자란 곳에 정주해 날들을 보내던 무렵, 아사히 신문에서 아리요시 사와코가 「복합오염」*이라는 연재를 시작했습니다(1974년). 그것을 읽고 농약이 얼마나 무서운 것인지를 알게 되었습니다. 너무나 무서워

● 농약 등의 화학물질이 초래하는 환경오염 문제에 대해 사회에 경종을 울린 소설. "복합오염"은 복수의 오염 물질이 혼합됨으로써 개개의 오염 물질보다도 더 큰 피해를 낳는다는 것을 의미한다.

서 도중에 읽기를 그만뒀습니다. 그래서 그때까지 사용하던 기계농업, 화학농업을 완전히 그만두기로 했습니다. 잘못된 것을 계속하고 싶지 않다는 마음에 쫓겼던 것입니다. 자연농을 시작한 이때가 서른여덟 살이었습니다.

쓰   결혼하신 것은 몇 살 때였습니까?

가   서른여섯 살 때였습니다. 장녀가 태어난 것이 2년 후인 서른여덟 살 때였고, 그 해부터 자연농으로 전환했습니다. 서른아홉 살에 장남, 마흔두 살에 차남을 보았습니다. 자연농으로 쌀도 채소도 재배할 수 있게 되기까지 10년이 걸렸으므로 그 사이에는 수입이 전혀 없이 아이들을 키웠습니다. 매우 어려운 시기였으며 엄혹한 십여 년간이었습니다. 하지만 마음 깊은 곳에서는 아쉬움 없이 받아들일 수 있는, 구제받은 날들이었습니다.

쓰   그래도 기본적으로는 자급적인 생활을 했던 셈이지요?

가   네. 가능한 한 돈을 쓰지 않는 생활을 철저히 했습니다. 그래도 돈이 조금은 필요합니다. 예를 들면, 자연농 1년째에는 작년에 먹던 쌀이 있었지만 2년째에는 집에서 먹을 쌀이 없어서 사야 했지요. 그리고 아이들이 교육을 받을 때가 오면서 비용이 조금씩 증가해갔습니다.

쓰   그런 돈은 어떻게 마련하셨습니까?

가   집에 있는 것을 조금씩 내다 팔아 돈으로 바꿨습니다. 그래도 돈이 되는 것은 특별히 없었어요. 조부모님이나 부모님들, 조상들이 쌓아온 것을 팔아넘기고 농지도 내다 팔아서 연명했습니다.

쓰   자연농이라는, 주위의 농가들과는 전혀 다른 방식의 농업을 시작하게 되어서 친척, 가족 그리고 이웃들로부터 저항을 받은 적은 없으십니까? 그리고 그로 인해 자신 안에 동요를 느끼신 적은?

가   자신이 결정한 것이었기 때문에 저 자신 안에 동요는 전혀 없었습니다. 이웃의 저항은 특별히 강하지는 않았지만 진정이나 악평은 오래 계속되었습니다. 가장 곤란했던 것은 어머니가 계속해서 반대를 하신 것과 몸져누우신 일입니다. "먹고살 수 없게 된다. 조상들에게 면목이 없다. 마을 사람들이 웃는다. 제발 소원이니 주위 사람들과 같이 해라."라며.

쓰　**자연농을 시작하실 때 어머님과 의논하신 적은 있으십니까?**

가　저는 이미 의논해서 자신의 인생을 결정하는 삶을 살지 않는 사람으로 자라 있었습니다. 그때까지 어머니의 바람으로 고등학교 진학을 포기하고 농가의 뒤를 이었고, 기계화, 화학농업이라는 흐름을 타고 갔습니다. 말하자면 제가 놓인 입장을 받아들이고 시대의 흐름을 타는 삶을 살아왔습니다. 하지만 동생들에게는 부모를 대신해 고등학교든 대학이든 가고 싶은 만큼 가라고 권했고, 두 사람이 취직하고 나자 저는 저의 길을 찾아 자신의 인생을 살기 시작했습니다. 그때까지는 집의 계승자로서 마을 내에서의 역할, 친척에 대한 책무도 모두 받아들였습니다.

쓰 **마을 내에서의 역할이란 예를 들면 어떤 것입니까?**

가 농가로서 농협에서 져야 할 임무, 마을 마쓰리나 관혼상제의 행사 등에 관한 여러 가지 역할입니다. 당시에는 매장을 했으므로 산소를 파는 일도 있었습니다. 하지만 자연농을 시작하면서 "이제 마을 일도, 친척에 대한 책무도 일절 맡지 않겠다. 나는 내가 좋아하는 인생을 살 것이다."라고 마음대로 결정했던 것입니다.

쓰 **부인께서는 자연농에 대해 어떠한 입장이셨습니까?**

가 아내는 농약을 사용하지 않는 것에 찬성이었습니다. 도회지에서 자라서 먹거리의 안전성이나 환경문제에 관심을 가지고 있었기 때문에 오히려 찬성이었습니다. 문제는 어머니였습니다. 장기간에 걸쳐 계속 반대하셨지만 제가 들은 척도 하지 않고 계속했더니 밭에 오시지 않게 되었고, 집에서 바깥 외출도 하지 않게 되었습니다. 그러다가 몸져누우신 것입니다. 집에서 한 발짝 나서면 이웃이 "댁의 아들이 미쳤나? 논밭에 풀이 저렇게 더부룩하게 자라게 하다니."라며 말하는 소리가 들렸으니까요. 나중에는 그런 말이 들리지 않더라도 그렇게 생각하게 되었습니다. 확실히 저는 처음 3년간 쌀농사에 실패했습니다. 풀 더미에서 벼 포기는 보이지 않았습니다. 채소밭은 10년 정도의 시행착오를 겪었지요. 어머니는 그것을 아주 부끄러워하셨습니다. 결국에는 "난 이제 죽으련다."라고 자식들을 불러 모으기도 했습니다.

쓰　아주 심하게 반대를 하셨네요.

가　정말 몸 상태가 나빠지셔서, 어느 날 목욕탕에서 몸이 굳어 쓰러져 계신 것을 보고 안아 모셔서 재워드린 적도 있습니다. 그때 어머니를 안으면서 자연농보다도 어머니가 훨씬 더 어렵고 곤란하다는 것을 통감했습니다. 이대로라면 어머니를 돌아가시게 하는 것이 아닐까 하는 불안에 빠졌지만, 그래도 자연농을 그만둬 어머니를 안심하게 해드리지는 않았습니다. "내 인생이 먼저" 그리고 "괜찮아. 반드시 어떻게든 된다."라는 생각을 항상 가지고 있었던 것입니다.

자신의 방식으로 자연농에 몰두하다

쓰   자연농을 시작했을 때의 일을 조금 더 상세하게 듣고 싶습니
     다.

가   7단보反步● 전부를 바꾸었는데, 화학비료와 농약을 사용
     하는 것을 완전히 중지했습니다. 그리고 석유를 사용하는
     기계는 버렸습니다. 바로 그 무렵에 경운기에서 더 큰 대형
     트랙터를 사용하는 것으로 바뀌고 있었습니다.

쓰   자연농법에서 후쿠오카 마사노부●● 등 근대 농업을 거부하
     는 선구자들이 있는데, 그 사람들로부터 배운 것은 없습니까?

가   후쿠오카 씨나 오카다 모키치●● 씨의 자연농법, 후지이 히
     라시●● 씨의 천연농법 등은 서적을 보고 알았습니다. 후쿠
     오카 씨와 후지이 씨의 이야기를 들으러 한 번씩 강연회에
     간 적도 있습니다. 저는 농업의 전문가이기 때문에 두 분
     의 이야기를 듣거나 책을 읽으면 아무래도 납득이 가지 않
     는 부분이 나옵니다. 그래서 저는 제 방식대로 했던 것입

●   1단보는 300평이다._옮긴이
●● 자연농법의 창시자. 독자적인 자연농법으로 세계 각지를 지도하고 점토단자를 이용한 종자
    뿌리기로 사막의 녹화에도 참여했다. 저서인 「짚 한 오라기의 혁명」(녹색평론사, 2011)은 스무
    개 이상의 언어로 번역된 베스트셀러이다.

니다.

쓰   자신의 방식으로 하면 잘 진척될 거라는 확신은 있었습니까?

가   네. 이렇게 하면 반드시 잘될 거라고 생각해 그대로 계속
했습니다.

**쓰   어째서 그렇게 생각하셨는지요? 구체적으로 이야기해주시
기 바랍니다.**

가   후쿠오카 씨의 강연회에서는 자기 자랑과 점토단자粘土団
子••• 와 품종개량 특허 이야기만 기억에 남아 있습니다.
"자연계의 이야기를 해주십시오."라고 마음먹고 질문했
더니 "자연에 대해서는 누구도 알 수 없습니다. 알 수 없
다는 것을 알고 있을 뿐입니다."라고 대답해서 내가 쓸데
없이 시간 낭비를 했다는 아쉬운 생각만 들었습니다. 후
지이 씨는 후쿠오카 씨와 반대되는 이야기를 했지만 깊은
이야기는 나오지 않았고, 저는 두 사람을 보고 "나는 이
런 모습이 되고 싶지는 않다."라고 생각하며 저의 길을 깨

•• 1934년 동북 지방의 냉해로 피해를 입은 농가의 비참한 상황을 돕고 싶다는 생각으로 자연농
법을 시작했다. 오카다의 자연농법은 유기질 퇴비만은 사용할 수 있다고 한다. 세계구세교의
교주이기도 하다.

•• 육종 연구가. 전통적 재배에 채소가 자라는 원리를 찾아내 무농약, 무화학비료로 재배하는 하
나의 방법을 제시했다. 저서로 『진짜 채소 만들기』 등 다수가 있다.

달았습니다. 후쿠오카 씨가 쓴 책에서 "땅을 갈지 않는다"
는 것은 "아, 그랬던가? 그럴 거야."라고 큰 깨달음을 얻었
습니다. 제가 일구던 밭 한쪽에서 자주 눈에 띄는 광경이
었으므로, 땅을 갈 필요가 없다는 것은 금방 깨닫고 믿음
을 가질 수 있었습니다. 예를 들면, 베어낸 풀을 쌓아두면
그 아래는 폭신폭신해집니다. 또한 논두렁길은 풀뿌리 때
문에 무너지지 않을 뿐 아니라 딱딱하지도 않습니다. 풀
을 없애버리면 풀뿌리가 없어지기 때문에 무너져버립니
다. 땅을 갈지 않으면 흙은 부드러워진 곳과 만나게 되므
로 "아, 역시 그랬었구나!" 하고 깨닫게 되었습니다. 그러
나 후쿠오카 씨의 무제초無除草라는 방식은 불가능하다고
느꼈습니다. 제초를 하지 않고는 벼도 채소도 자랄 리가
없다고 생각했고 지금도 그렇게 생각하고 있습니다. 사실
이 그러니까요. 또한 비가 내리는 일본에서는 후쿠오카 씨
의 점토단자는 필요가 없다고 생각했습니다. 모든 작물을
모내기를 하지 않고 바로 뿌리면 안 될 것입니다. 땅을 갈
지 않고, 무비료, 무제초로 1단보당 쌀 20가마니를 수확한
다는 것은 거짓말이라고 생각했습니다.

쓰 그 부분에 대해 좀 더 자세히 설명해주십시오.

가 일본은 비가 많이 오기 때문에 점토단자로 수분을 확보할 필요가 없고, 또한 태양 빛으로부터 지키기 위해 점토단자를 만드는 작업 시간과 노력이 쓸데없다고 생각했습니다. 물론 흙 속에 심지 않으면 싹이 트지 않는 것도 있고 흙 위에 뿌리는 것만으로 싹이 트는 것도 있습니다. 예를 들면, 벼나 시금치 등과 같이 껍질을 뒤집어쓰고 있는 것은 반드시 흙 속에 심어야 합니다. 또한 마른풀 밑에 떨어뜨리지 않고 풀 위에 얹어놓으면 발아하지 않습니다. 작물의 성질에 맞춰 정성스럽게 뿌려야 하는 것도 있습니다. 풀에 깔릴 수도 있으므로 어린 시기에는 필요에 따라 언저리의 풀을 뽑아주거나 근처의 풀을 베어주든지 해야 합니다.

쓰 처음에는 무제초 논을 시도하시지 않았습니까?

가 네. 하지만 무제초로 할 수 있을 리 없다는 생각이 들고 나서는 어린 작물 언저리에 있는 풀을 뽑아주고 조금 자라나면 근처의 풀을 베어줍니다. 하지만 풀을 너무 많이 베어서는 안 됩니다. 씨앗을 뿌릴 장소만 풀을 뱁니다. 그러나 논밭에 직접 씨를 뿌렸을 때는 논밭이 넓어서 따라가지를 못합니다. 뽑았던 자리에 또다시 풀이 자라나니까요. 결국 6단보의 논은 전멸했고, 다음 해에 쓸 종자를 풀을 헤치고 주워 모을 수밖에 없었습니다. 채소밭도 마찬가지로 처음 3년간은 완전히 실패했습니다. 아직 방법을 몰랐던 거지요. 3년간의 실패를 경험하고 모판에서 모종을 키우는 방법으로 바꾸었습니다. 모판에서 논으로 이식할 때까지의 2개월의 전반부에만 언저리의 풀을 뽑고 모내기 후의 1개월간은 언저리의 풀을 베어주어 다른 풀에 깔리지 않도록 지켜주면, 그다음에는 아무것도 하지 않아도 풀과 작은 동물이 살아가고 있는 곳에서 열매를 수확할 수 있었습니다.

쓰　그랬군요.

가　유년기에서 소년기까지는 다른 풀에 깔리지 않도록 손을 빌려줍니다. 모든 작물은 개개의 성질이 있으므로 그 성질에 따라 바람직한 환경으로 조절해주어야 한다는 것을 알게 되었습니다. 즉 내 맘대로 형태를 정해서는 안 된다는 것이지요.

쓰 **보편적인 방법을 정해두고, 이른바 그것을 작물에게 강요해서는 안 된다는 말씀이시군요.**

가 그렇습니다. 자연계에서는 무슨 일이 일어날지 모릅니다. 항상 변화하기 때문에 같은 것은 결코 없습니다. 작물 하나하나의 성질도 모두 다릅니다. 내 맘대로 형태를 정해서 따르게 해서는 안 된다는 것입니다. 논밭의 상황도 변해 갑니다. 어느 해에 잘 먹히던 방법이 다음 해에는 해가 되는 수도 있습니다. 하나하나의 작물을 키울 수 있게 되기까지 쌀은 3년, 채소는 10년이 걸렸습니다. 절대로 변하지 않을 것이라 생각했던 기본이 변할 수도 있다는 것을 깨닫고, 게다가 작물의 성질, 토질, 기후, 그 자리의 환경 등 개별적인 것을 알게 되면, 논밭의 은혜를 계속해서 받을 수 있습니다. 자연의 숲이나 산으로부터 계속 은혜를 받을 수 있듯이, 작물이 어릴 때 그 자리에서 튼튼히 살아갈 수 있을 정도의 손만 빌려주면, 그 후에는 맡겨두어도 대체로 튼튼하게 자랍니다. 초기가 아주 중요합니다. 어릴 때에 다른 것들에게 지면 안 되지만, 여러 가지 풀들이나 작은 동물, 많은 생명이 있는 곳에서 자라는 것이 좋습니다.

쓰 **여러 가지 유기나 무농약의 농업을 실천하고 있는 사람들이 있지만 처음 2, 3년은 모두 고생을 하는 것 같습니다. 그때까지의 관행 농업으로 고통을 받았던 흙이 회복하는 데에는 시간이 걸린다고 하는 사람들이 있는데, 거기에 대해서는 어떻게 생각하십니까?**

가 그것도 문제가 됩니다. 한편으로는 키우는 사람의 능력도 관계가 있습니다. 조금만 궁리하면 1년째부터 은혜를 손에 넣을 수가 있습니다. 저는 지혜가 모자라서 자연계의 이치에 응할 수 있는 기술을 익히지 않았기 때문에 실패를 거듭했던 것입니다.

쓰 **하지만 가와구치 선생님이 "흙은 시체들●의 층"이라고 말씀하신 것처럼, 그 층이 만들어지기까지 아무래도 시간이 걸리겠지요. 화학농업에서 빠져나오려고 하는 사람들이 처음 전**

● 작물을 수확하고 난 뒤의 잔유물을 말한다._옮긴이

환하는 데에는 역시 시간이 걸릴 수밖에 없다는 말씀이신지요?

가 그렇습니다. 시체의 층, 즉 자연의 숲이나 산과 같이 풍요로운 무대가 되기 위해서는 시간이 필요합니다. 저는 3년간 실패했지만, 1년째부터 잘 키우는 사람도 있습니다. 처음에는 지력地力이 없기 때문에 풀이나 쌀겨, 유채씨 찌꺼기, 밀기울 등으로 조금 보충해준다든가 하면 거의 보통으로 자랍니다. 왜냐하면 이 자연계는 논 언저리에 있는 양분만으로 자라는 것이 아니라 태양이나 물이나 공기 등으로부터 은혜를 받아 살아가고 자라기 때문입니다. 갈지 않고 주위에 문제가 생기지 않도록 해두면, 생명이 풍요로운 무대로 부활하는 데에는 시간이 많이 필요하지 않습니다. 사실 겨울 동안에 쌀겨를 뿌려서 조금 보충하고, 다음 해 여름 초에 모내기를 하고, 1년째에 훌륭하게 키워낸 사람도 있습니다.

쓰 그래요? 1년째에?

가 조금만 궁리하면 됩니다. 그러므로 "자연농을 시작해서 수년간은 아무것도 수확하지 못할 것을 감내해야 한다." 는 말은 사실이 아닙니다. 작물의 성질과 논의 상황에 대응하는 방식을 모르기 때문에 실패하는 것이지요. 모내기나 풀베기의 적기나 물의 양을 제대로 파악한 후에 조금만 손을 빌려주면 됩니다. 인간의 육아와 마찬가지입니다. 그리고 기후나 흙의 성질이나 환경에 그 작물이 어울리는지 판단할 필요가 있습니다. 자연농의 경우에는 논의 환경이 매년 바뀝니다. 관행 농업은 반＋사막화되고 있는 곳에 비료와 농약으로 키우는 것이므로 매년 조건이 그다지 변하지 않지만, 자연농의 논은 막 전환한 무렵과 30년이나 지난 지금을 비교해보면 크게 변해 있습니다. 지금은 매년 겨울 풀과 여름 풀의 시체가 상당히 두껍게 쌓여 있으므로 모종을 심을 때 전환한 초기처럼 흙 위에 툭 던져놓을 수는 없습니다. 흙까지의 거리가 길어졌기 때문입니다. 겹겹이 쌓인 풀을 헤치고 심어야 하지요. 그 밑에 시체의 층이 있고, 그리고 그 밑에 논의 흙이 있습니다. 작물을 심는 깊이를 잘못 계산하면 벼는 건강하게 자라지 않습니다. 전환한 당초에는 모내기한 풀 언저리에 아주 적은 양의 풀을 덮어주는 것이 좋은데, 10년 정도 지나면 풀이 많아져서 시체의 층도 만들어지기 때문에, 풀은 모종의 언저리부터 제거하지 않으면 압박을 받아 잘 자라지 못합니다. 또는 모내기 후의 물이 너무 깊거나 많거나 길어도 마이너스가 됩니다. 시체가 급속도로 썩기 때문에 영양이 과다해져 버리는 것입니다. 심한 경우에는 생육 장해로 뿌리가 썩어 죽어버리기도 합니다. 물 조절도 변화에 대응하는 것이 중요합니다.

쓰   **현재의 가와구치 선생님의 논에는 물이 보이지 않네요.**

가   10년 전후의 역사가 축적되었을 무렵부터 논두렁 위에까지 물을 며칠씩 채워두면 썩은 유기물에서 발생하는 고농도의 가스나 양분이 물로 덮여 뿌리가 썩어버렸습니다. 어느 날 "언저리가 풍부해졌으니 풍작이 되겠구나."라고 생각했었는데, 전혀 분얼分蘖●하지 않았습니다. 싹이 늘어나지 않았던 것입니다. "이상하네, 왜 그러지." 하고 생각해보다가 "아하, 그렇구나. 영양 과다로 뿌리가 손상을 입어 자라지 않는구나."라고 깨달았습니다. 갈지 않고 비료와

● 벼나 보리 등의 땅에 가까운 뿌리의 관절에서 가지가 갈라지는 것.

농약을 사용하지 않고 풀이나 벌레를 적으로 삼지 않는 재배가, 10년을 경계로 그때까지 바른 작업 방법이었던 것이 잘못된 방법이 되기 시작했습니다. 논밭의 상태가 매년 변화하기 때문이었습니다. 형태는 정할 수 없는 것입니다. 무제초가 좋을 때도 있고 무제초로는 안 될 때도 있습니다. 그러나 어떤 경우에도 풀이 반드시 있어야 하고, 벼가 익을 무렵에는 벼 언저리에 풀도 꽃을 피워 종자를 맺어야 합니다. 논에 벼만 있어서는 안 되는 것입니다.

쓰 **그건 왜 그렇습니까?**

가 지구에 인간만 존재할 수 없고 살아갈 수 없듯이 논에 벼만으로, 밭에 양배추만으로는 건전하게 자라지 못합니다. 다양한 풀들과 작은 동물이 동시에 살아야 서로 도움을 줄 수 있습니다. 많은 것들이 반년 안에 죽고 그 시체가 다음 생명의 무대가 되는 것입니다. 봄에 싹을 낸 풀이 자라 꽃을 피우고 씨앗을 맺고 어미가 죽으면, 지금까지 없었던 다른 성분을 만들어 더욱 풍요로워지는 것입니다.

쓰 가와구치 선생님의 논은 모내기 시기나 수확 시기 모두 다른 곳보다 훨씬 늦지요?

가 모내기는 6월 후반, 추수는 11월 전반입니다. 기온이 낮아져서 서리가 내릴 무렵, 생명의 맛도 풍요롭고 충실해집니다. 주위에 많은 풀들이 무성한 가운데 튼실하게 자란 벼를 거둬들입니다. 계절의 변화와 다른 생명의 은혜를 입음으로써 벼는 처음으로 완전한 생명으로 완성되는 것입니다. 하지만 최근에는 일본 어디를 가더라도 일찍 베어버립니다. 자연의 은혜를 충분히 받지 않아서 안타까울 뿐입니다. 자연농은 자연의 이치와 생명이 있는 작물에 "따르고, 응답해가고, 순종하고, 맡기는" 것입니다. 그렇게 함으로써 자연의 은혜를 듬뿍 받고 또 계속 받을 수 있는, 가능한 한 자연을 따르는 재배 방식입니다.

쓰 "따르다"라는 말은 최근 그다지 많이 쓰이지 않는다는 생각이 듭니다만?

가 인간의 경우에는 "달라붙다"와 같이 "함께 살다"라는 단어를 사용하는데, 자연계에서는 "따르다"이지요. 예를 들면, 작물의 성질을 따르고 토지의 성질을 따르는 것입니다. 자연 그대로의 채집 생활이 아니라 사람이 손을 대는 재배 생활을 말하는데, 사람이 최소한으로 손을 빌려줘야 자라는 아주 아슬아슬한 지점에서의 재배 방식입니다. 도와주기는 하지만 과도하게 하지 않고, 따라서 응대하며 맡깁니다.

쓰 **서양적인, 또는 근대적인 발상과는 전혀 다르네요. "따르다"는 말은 소중한 말이네요. 거꾸로 "거스르지 않는다"고 해도 좋을지 모르겠습니다.**

가 그렇습니다. "거스르다"의 반대, 생명의 세계에서 생명이 있는 것은 어떤 곳에서 자라는지를 알고, 여태까지 인간이 얼마나 쓸데없는 짓을 했던가를 알아차려야 합니다. 그렇게 되묻기 위해서는 생명의 세계가 어떻게 되어 있는지를 모르면 불가능합니다. 그래서 생명이 있는 것은 어떻게 살게 되고 어떻게 살아가는 것인가, 각각의 생명과 생명의 세계를 잘 확인해 알게 된 후에 투명하고 깊은 지혜로 바르게 따르고, 순종하고, 응답하고 그리고 맡기는 것입니다.

돈은 나중에 저절로 따라온다

쓰   자연농을 시작하고 나서 10년간은 경제적으로는 어려웠겠
네요. 자제들도 한창 먹을 나이가 되었을 때니 말입니다.

가   상당히 가난해서 궁지에 몰렸습니다. 아내가 "이제 돈이
없어요. 죽을 것 같아요."라고 말하는 것을 듣고 "그래도
살아 있잖아."라고 대꾸하면서 어떻게 해서든 버텼습니다.

쓰   자연농으로 생계를 꾸려갈 수는 없었던 것입니까?

가   10년 정도 지난 무렵에는 작물이 조금은 팔릴 정도로 자
랐습니다. 하지만 작은 규모였고 키우는 방법도 아직 미숙
해서……. 지금 전업농가에서 자연농을 하는 사람은 1정
보町步 ●전후로 농사를 짓고 있는데, 저는 전업으로는 할
수 없었습니다. 팔 물건도 없어져서 일을 하러 가기로 결심

●   1정보는 3000평이다._옮긴이

했습니다.

쓰　**어떤 일을?**

가　저는 중졸이라 학력도 낮고 나이도 쉰 살 가까이 되었기 때문에 일용직 노동자로 일할 수밖에 없었습니다. 신문에 끼어 오는 광고 중에서 이웃 읍내에 있는 종묘회사의 모집 공모를 보고 이것이라면 지금의 내가 할 수 있겠다고 생각했습니다.

쓰　**종묘회사라고요!**

가　비참한 일이었지요. 농약투성이가 되어 종묘를 키웠습니다.

쓰　**아, 정말 괴로웠겠습니다.**

가　자연농을 10년간 해왔던 터라 아쉬운 생각이 강하게 들었습니다. 종묘회사에서 일하는 짬짬이 자연농을 계속할 수 있다고 생각했습니다만, 뼈마디를 깎아가며 농약투성이가 되어 밖에서 일하고는 지칠 대로 지쳐 일생이 끝나는 것이 보였습니다. 또한 그 정도의 수입으로는 도저히 아이들을 키울 수 없다는 것도 보여서, 그렇다면 지금과 같은 삶을 계속하자, 반드시 어떻게든 될 것이라고 생각을 고쳐 먹고는 외부에 일하러 가는 것을 그만두었습니다.

쓰   그 "어떻게든 될 것"의 내용은 어떤 것이었습니까?

가   그렇다고 굶어죽지는 않을 것이다, 바른 것, 진정한 것, 아름다운 것, 선한 것, 하고 싶은 것을 하고 있으면 반드시 살아날 것이라고 생각했습니다. 생활하는 데 필요한 돈을 우선 확보하고 하고 싶은 것을 하는 것이 실은 어려운 일이라는 것을 깨달았습니다. 바른 것을 하는 능력을 몸에 익히고는 사람으로서 성실하고 솔직하고 겸허하게 살면 자연이 살려줄 것이고, 사람도 내버려두지 않고 틀림없이 살려줄 거라고 생각하고 그렇게 했습니다.

바로 그때 출판사의 이시가키 마사노부 씨를 만나게 되었고, 자연농에 대해 『80년대』라는 잡지에 연재하게 되었

습니다. 결국 2년간 연재를 하고 1990년에 『신비한 밭에
서서』*라는 책으로 출판하게 되었습니다.

**쓰   대단하십니다. 어떻게든 된다는 생각이 바로 현실이 된 것이
네요. 그런데 그 당시 미술은 계속하고 계셨습니까?**

가   자연농과 한방학습회를 시작하게 된 마흔여덟 살 무렵부
터는 창작과는 완전히 동떨어진 삶을 살았습니다. 그때까
지는 인간의 성장에, 또는 인생의 기쁨에 빼놓을 수 없는
예술로서 그림을 그리고 시를 짓고 노래를 음미하고, 또
역사가 있는 곳, 신사나 절, 불상을 찾아갔고, 미술관, 박
물관, 고고관考古館에 갔고, 음악이나 연극, 도예에 심취하
는 등 항상 예술이 있는 나날을 보냈었습니다.

**쓰   자신이 좋아하는 것을 한다는 것은 듣기만 해도 즐거워 보입
니다. 게다가 건강에도 좋고 자식들에게도 좋지요. 그런데
자연농에 반대하셨던 어머니와의 관계는 어떻게 되었습니
까?**

● 한국어 번역판은 최성현 옮김으로 2000년 들녘에서 출간되었다._옮긴이

가　어머니는 몸져누우셨습니다. "부끄럽다. 그만 죽으련다."라고 하면서요.

쓰　죽 계속 그러셨다는 말입니까?

가　네. 십수 년의 세월이 필요했습니다. 길었지요. 10년째 정도에는 자연농의 밭을 견학하러 오는 사람도 있어서 학습회를 시작했습니다. 관심을 갖는 사람들이 조금씩 생겨서 어머니도 마음이 바뀌지 않을까 생각하기도 했었지만, 어머니는 점점 더 부끄러워하시고 마음을 닫아버렸습니다. "이상한 사람들이 온다. 이웃 사람들이 비웃어."라고 말하셨지요.

쓰　가와구치 선생님의 기분은 어땠습니까? 동요했을 수도 있다고 생각합니다만.

가　동요한 적은 없었고, 오히려 본질에서 벗어난 반대 의견을 만나면 자연농에 임하는 삶의 올바름이나 훌륭함이 더욱 명확해져서 움직이지 않았습니다. 물론 원래대로 돌아가고 싶지 않았고, 무엇보다도 저의 생명이 이제는 원래대로 돌아가기를 원치 않았지요.

쓰 **하지만 농약투성이가 되어 종묘회사에서 일하겠다고 생각할 정도로 상황은 어려웠습니다. 그런데도 일하러 나가는 것을 그만두었으니 경제적으로는 여전히 고생스러웠겠지요.**

가 수입은 없었지만 아이들과 함께 예술적인 시간을 보냈고, 올바른 것, 하고 싶은 것을 할 수 있는 나날이었으며 매일 행복했습니다. 타인의 눈이나 언동이나 평가에 좌우되지 않았으니까요. 밭에서 수확한 밀을 갈아서 밀가루를 만들어 우동이나 밀전병을 만들거나, 쌀이나 밀로 떡꼬치를 만들어 구워 먹거나, 두부나 낫토, 술이나 감주, 과실주를 만들고…… 농가에서만 할 수 있는 놀이를 하며 아이들과 항상 함께 있을 수 있었습니다. 논밭에서 야구를 하거나 석기를 주우러 여기저기 돌아다니고, 등산이나 하이킹을 하기도 했지요. 돈 얘기를 하자면, 생명의 길, 사람의 길에서 벗어나는 것만 하지 않으면 필요한 것은 나중에 따라온다는 확신이 있었습니다. 실제로 그랬습니다. 좋은 사람을

만나고, 좋은 일을 만나고, 좋은 장소를 만나고, 돈도 형편
이 좋아졌습니다. 모두가 나중에 따라왔습니다. 저는 좋아
하는 것, 하고 싶은 것, 올바른 것, 필요한 것을 하면서 살
아왔습니다. 모든 사람들의 삶의 기본은 그래야 한다고 생
각합니다. 필요한 것만을 하고 필요하지 않은 것은 하지 않
습니다. 물론 게을러서는 안 됩니다. 필요로 하는 곳에서
필요로 하는 것을 할 수 있어야 하고, 자신을 키우고 단련
하고 길러야 합니다. 필요한 기술과 능력을 몸에 익히고 인
간성을 키워나간다면 자신이 필요한 곳이 반드시 있을 것
이고, 그에 응답할 수 있다면 반드시 살 수 있을 것입니다.

아이의 탄생

쓰 **자연농을 시작하고 10년간 건강 면에서는 어땠습니까?**

가 병으로부터 자립을 도모하려고 한방의학서를 신중히 선
택해서 한방의학 공부를 혼자서 시작했습니다. 자연농을
시작한 것과 같은 해부터였습니다.

쓰   계기가 된 것은 무엇이었습니까?

가   제가 간 기능이 나빠져서 한동안 병원에 다녔습니다. 또한 결혼한 지 반년 후에 아내의 자궁에 큰 혹이 있는 것을 알게 되었습니다. 자궁근종이었습니다. 출혈이 계속되어서 검사를 받으러 가자, 바로 수술을 해서 자궁을 통째로 적출해야 하고 아이는 포기해야 한다며 위험한 상태라고 통고받았습니다. 하지만 좀 더 생각해보겠다고 하고 집으로 돌아왔습니다. 여하튼 수술은 피하고 싶었던 것입니다. 자궁을 자르는 것은 절대 안 된다며 저 자신의 병은 잊은 채 아내를 위해 여러 진료소를 돌아다니기 시작했습니다. 결정적인 치료 방법을 찾을 수 없던 중에 마지막으로 방문한 침구사 시마나카 요시오 선생으로부터 한방이라면 가능성이 있다는 얘기를 들었습니다. 하지만 선생은 "한방의 세계는 무척 어려워서 나도 끝까지 파헤칠 수 없소."라고 말씀하셨습니다. 그래서 저는 스스로 서적을 사서 모아 질병으로부터의 자립을 목표로 공부하기 시작했습니다. 여기저기의 병원에서 절대로 임신할 수 없다고 했던 아내가 침구 치료 중에 임신했습니다. 위험한 상태는 어떻게든 넘어섰지만 시마나카 선생으로부터도 "이 이상은 나도 어쩔 도리가 없소. 병원을 소개할 테니 거기로 가시오." 라는 말을 듣고 그 병원에 갔더니 역시 즉각 수술을 해야 한다고 선고받았습니다. 병원에서는 "모자 모두 위험합니다. 큰 병원에 가면 연구를 위해 받아줄지도 모르겠지만 여기서는 할 수 없습니다."라고 했습니다.

쓰   결국 어떻게 하셨습니까?

가   역시 수술은 하지 않고 시마나카 선생에게 부탁해 산파를 소개받아서 자택 출산하기로 했습니다. 시마나카 선생의 부친은 산부인과 의사였는데, 그 병원에서 일하시던 분이었습니다. 산파는 근종의 크기를 보고 놀라서 걱정하면서 "저는 여태까지 딱 한 번, 이와 유사한 출산을 보았는데 출혈이 심해서 모체가 견디지 못했습니다. 위험하니까 만일의 사태에 대비해 전문의에게 미리 얘기해두기 바랍니다." 라고 했습니다. 병원에 부탁하러 가자 역시 수술을 하라고 했습니다. 태아가 커져서 근종의 압박을 받아 모자가 모두 위험하니 출산은 정말 무리라는 것이었습니다. 저는 수

술을 거절하고 산파에게 거짓말을 하기로 했습니다. "괜찮습니다. 아주 우수한 한방의를 만나서 출혈을 멈추게 하는 한방약을 만드는 법도 배웠습니다. 그리고 어떤 일이 일어나더라도 책임을 묻지 않겠습니다."라고 말하며 산파에게 반드시 받아달라고 부탁했던 것입니다. 어려운 출산이었습니다만 아이는 무사히 태어났고, 출혈도 없었으며 모자 모두 문제가 없었습니다.

쓰 **가와구치 선생님이 몇 살 때였습니까?**

가 서른여덟 살 때입니다. 그 장녀가 태어난 해부터 자연농으로 전환했습니다.

쓰 **자택 출산의 정황을 좀 더 들려주십시오.**

가 모내기 시기에 진통이 시작되어 오후 3시경 산파를 자전거로 마중하러 갔습니다. 산파는 굽은 등으로 작은 오토바이를 타고 와주셨습니다. 그때 이미 고령이었고 아이를 받는 일도 그만둔 뒤였지만 무리하게 부탁을 드렸던 것입니다. 출산은 다섯 시간 후인 밤 8시경, 그 후 한밤중의 3시를 지나도 후산後産이 나오지 않자 산파가 "애 엄마가 스스로 낼 힘이 없으니까 도와줍시다."라며 손으로 꺼내 주었고 "가와구치 선생, 전부 나왔으니까 이제 괜찮아요." 라고 했습니다. 그리고 눕혀두었던 갓난아기의 탯줄을 자르고 아기를 씻긴 후 오토바이를 타고 돌아갔습니다. "내일 다시 아이 목욕도 시키고 애 엄마를 보러 올게요."라고 하고는. 상당히 고령이었고 밤도 깊었기 때문에 도중에 쓰러질지도 모른다는 걱정이 들어서, 산파의 집에까지 자전거를 타고 확인하러 가서야 겨우 안심했던 것을 기억하고 있습니다.

쓰　**그렇게 나이가 많았었습니까?**

가　아흔 살 정도였다고 생각합니다. 진정한 베테랑이었고 수천 명의 아이들을 받았다고 했습니다. 진통이 시작되어도 "아직이에요." 하고 등을 조금 굽힌 채 주무시는 것이었습니다. 그 모습을 보면서 비로소 저도 안심했습니다.

쓰　　주무셨다니……. 그것도 대단한 이야기네요.

가　　그 후에도 매일 아이를 돌보러 와주셨습니다.

쓰　　그건 참 고마운 일이었네요.

가　　1년 후에 둘째 아이의 출산 때에도, 그리고 3년 뒤의 셋째 때에도 그 산파가 받아주었습니다. 그 후 산파가 고령으로 자리에 누웠다는 소식을 듣고 가족이 모두 병문안을 갔습니다. 산파는 "잘 왔구나. 이렇게 훌쩍 커서 기쁘네."라고 말하며 아이들의 손을 잡고 기뻐하며 눈물을 흘렸습니다.

쓰　　어디에 사시던 분이셨습니까?

가　　이웃에 있는 오다 마을이었습니다.

쓰　　대단한 분이 계셨던 거군요.

가　　첫째 아이가 거꾸로 들어섰을 때에도 손으로 쑥 고쳐주셨습니다. 지금 생각해보면 그때 출산할 때까지의 모든 조산법을 상세하게 배워두었으면 좋았을 것을 하고 나중에 후회했습니다. 당시에는 저도 아내가 출혈이 심해지면 큰일이니 그에 대비해서 한방약을 끓이거나 시마나카 선생이 가르쳐준 곳에 침을 놓을 준비를 하느라 출산을 도와주는 방법을 자세하게 봐두고 배울 여유가 없었던 것입니다. 이때 저는 처음으로 한방약을 골라서 만약의 큰 출혈에 대비해 끓여두었습니다.

쓰 **그때 태어난 따님 하루나는 현재 의사가 되었지요?**

가 네. 지금은 서양의학의 산과 의사입니다. 특히 문제를 안고 있는 임산부의 출산을 맡고 있습니다. 본인은 모두 한방으로 자라서 그것의 뛰어난 점을 몸으로 알고 있었기 때문에, 고등학교 시절부터 한방의가 되어 사람들을 도와주고 싶다는 생각을 품고 있었습니다. 그러나 치료사가 되려면 서양의학을 수련해야만 했기 때문에 어쨌든 서양의학을 수련할 각오를 했습니다. 전 분야의 의사를 키우는 자치의과대학을 나왔습니다만 여러 곳을 거쳐 지금은 산과에 배속되어 있습니다. 자신이 태어날 때의 일도 있어서 딸은 출산을 도와주는 의사가 되려고 생각했던 것 같습니다. 불가사의한 일이지요. 오늘날 딸아이가 그 일에 종사하게 된 것은 분명 이유가 있을 것이라 느끼고 있습니다. 앞으로도 사람의 탄생에 도움을 주는 일에 종사하거나 병으로 고생하는 사람들을 구제할 수 있는 진짜 우수한 한방치료사로도 성장하여 그 역할을 다해주기를 진심으로 바라고 있습니다.

쓰 아주 훌륭하십니다. 기적적으로 태어난 아이가 이제는 생명이 태어나도록 도와주는 일을 하는 것이네요.

제2부

자연농은 생명의 길

쓰 에도 시대 중기, 지금의 오이타 현의 구니사키 반도에 의사이면서 농민이고 철학자였던 미우라 바이엔*이라는 사람이 있었는데, 그분을 생각할 때마다 저는 가와구치 선생님을 떠올리게 됩니다. 그분의 유명한 말 중의 하나가 "마른 나무에 꽃이 피는 것을 보고 놀라기보다 살아 있는 나무에 꽃이 피는 것을 보고 놀라라."라는 것이었습니다.

가 훌륭하시네요. 생명의 세계가 자아내는 생명 영위의 불가사의, 절묘함, 훌륭함을 알고 그 심연의 생명 영위의 존엄함을 깨달으라는 것이겠지요. 예를 들면, 겨울에 잎이 지고 봄이 되면 싹을 틔우고 이윽고 너무나 아름다운 꽃을 피우고, 그러고는 불가사의하게도 열매를 맺지요. 그 영위의 근원을 응시하여 생명 영위의 경이로움을 알아라, 존엄함을 깨달아라, 라는 것이지요.

쓰 오랫동안 가와구치 선생님은 농업이나 의학에 관한 배움의 장을 전국 각지에서 쌓아오셨습니다. 자연농을 실천하는 아카메자연농숙赤目自然農塾**은 지금 어떻게 진행하고 계십니까?

● 에도 시대의 자연철학자이자 의사. 평생 고향인 오이타 현 구니사키 반도를 떠나지 않고 의사로 활동하면서 거의 독학으로 철학의 길을 걸었다. 또한 바이엔 학원을 주재하여 문하생들의 교육에도 힘썼다.

가 한 달에 한 번, 이틀 동안 합니다. 벼의 성장기에는 임시로 한 달에 두 번 하는 경우도 있습니다. 그렇게 하면 대체로 계절마다의 재배를 공부할 수 있습니다. 그리고 1년에 수 차례 미술 기행을 하고 있습니다.

쓰 **거기에서 어떤 식으로 가르치십니까?**

가 직접 실천을 하며 배우는 곳으로, 20년 가까이 방치되어 있던 산속의 계단식 논을 빌려 시작했습니다. 그곳에서 계절마다 하는 작업을 모두에게 보여줍니다. 작물을 취급하는 방법, 작물을 도와주는 방법, 도구 사용법, 작물이나 대지를 대하는 방법 등등……. 말로 설명하면서 제가 실제로 하는 것을 보고 이해하도록 하고 있습니다. 그 후에 자신의 논밭에서 실천해보도록 합니다. 숙생塾生은 400명 정도이고, 매월 200명 정도가 참가합니다. 저 혼자서는 멀리 있는 사람은 보이지 않기 때문에 스태프들 몇 명이 대응하고 있습니다. 지금은 지도가 가능한 스태프 네 명이 숙생들의 논밭을 돌아다니면서 필요한 조언을 해주거나 실제 도움을 주는 방식을 취하고 있습니다. 전날의 낮에

●● 가와구치가 주재하는 것으로, 실천과 강의를 통해 자연농을 배우는 곳이다. 미에 현과 나라 현의 경계에 있는 논밭에서 매월 개최하고 있다. 숙생들은 전국 각지에서 찾아온다. 1991년에 발족해 현재까지 3000명 이상이 배워 갔다.

는 공동 작업을 하고, 빌린 숙소가 120명 이상은 들어갈 수 없기 때문에 밤에는 공부를 제한할 수밖에 없지만, 전원이 논밭에서 실습을 하면서 배우고 있습니다. 언제든지 들어올 수 있고 언제든지 나갈 수도 있습니다. 규칙은 만들지 않고 가능한 한 자유로운 방식으로 습득할 수 있도록 신경을 쓰고 있습니다. 수업료나 입숙비는 받지 않습니다. 돈이 없는 사람도 배울 수 있도록 했습니다. 기금 상자에 누군가가 넣어주신 돈으로 조달하고 있습니다. 저와 스태프 50여 명도 무상으로 학습장을 정리하며 숙생들을 맞이합니다. 외국인들도 매년 두세 명 정도 옵니다. 일본을 여행하는 중이거나 일본의 어딘가에서 연수 중인 청년들이 주로 옵니다. 숙생의 대부분은 도시 주민이고 경험이 없는 젊은이들입니다.

흙은 생명의 역사

쓰　그럼, 먼저 자연농에 대해 여쭤보겠습니다.

　　지금 세계에서는 농업이 커다란 문제가 되고 있습니다. 인간의 생명의 기반이었던 농업이 지금은 지구의 생태계를 파괴하고 지구온난화를 초래하는 등 가장 파괴적인 행위가 되었습니다. 뭐라고 해야 할지 모르는 아이러니한 상황입니다. "녹색혁명"●이라 불리던 농업의 근대화 과정에서 많은 사람들이 농약이나 화학비료나 기계화로 인해 장밋빛 세계가 찾아올 것이라는 꿈을 그렸습니다. 그러나 지금 전 세계에서 그 꿈이 무너지고 끔찍한 모습을 드러내고 있습니다. 동시에 그 안에서 생겨난 여러 가지 반성이 무농약농업이나 유기농업 등의 대체 농법을 만들어냈고 여러 곳에서 뿌리내리기 시작했습니다. 지금도 그 모색은 계속 이어지고 있는데, 여러 가지 성과를 올리기 시작했다고 저는 생각합니다. 그래서 다른 여러 가지 농법들과 구별해두기 위해서라도 자연농이란 무엇인가에 대해 한 번 더 정리해두고 싶습니다. 제1부에서 이미 언급하셨지만, 한 번 더 "이것이 자연농이다."라는 기본적인 지점을 말씀해주십시오.

가 가장 중요한 기본은 갈지 않는다는 것입니다. 논밭의 표면을, 지구의 표면을 결코 갈지 않는다는 것입니다. 그리고 비료를 필요로 하지 않고 쓰지 않으며, 나아가 풀이나 벌

● 20세기 후반, 세계은행 등이 주도하여 일어났던, 제3세계의 기아를 줄이고자 한 시도. 농약과 화학비료를 사용하여 일시적으로 수확량은 증가했지만, 많은 나라에서 지력이 떨어지는 일 등이 발생해 오히려 빈곤에 허덕이는 사람들이 늘어났다.

레를 적으로 삼지 않는다는 것입니다. 생명의 세계에는 해충과 익충의 구별이 없습니다. 다 까닭이 있어서 존재하는 생명일 뿐 결코 적이 아니며 없어서는 안 될 생명들입니다. 그것이 기본입니다. 그리고 기후, 날씨, 토질, 작물의 성질, 그곳의 환경에 맞게 따라가고 맡기는 것입니다.

쓰   채집 생활이 아니라 재배 생활을 하는 것이란 말씀이지요?

가   네. 하지만 생명의 영위를 손상할 수 있는 자연의 법칙에서 벗어나는 것은 결코 하지 않습니다. 따른다, 순종한다, 맡긴다…….

쓰   그럼, 그러한 자연농을 선택하신 지 올해로 32년째를 맞이하신 가와구치 선생님은 농업을 둘러싼 세계의 상황을 어떻게 보고 계십니까? 그리고 그 안에 있는 자연농은 도대체 무엇인가, 다시 한 번 더 여쭤보고 싶습니다.

가   현행 농업에서는 외부에서 여러 가지를 가져오지 않으면 식량을 손에 넣을 수 없습니다. 비료, 농약, 기계, 기계를 움직이는 석유, 그것들을 만들고 준비하는 데 드는 자원과 에너지의 소비……. 또한 먹거리의 안전성을 의심하게 되고, 대지의 황폐화, 흙의 유실, 흙이나 물이나 공기의 오염, 비닐이나 자재의 폐기물이 발생하는 문제를 초래하고 있습니다. 또한 유한하고 소중한 물건을 낭비하고 지구 생명체를 손상하고 파괴하고, 생명권을 오염시키고 자연계의 질서를 어지럽히고 무너뜨려 위험한 상황에 쫓기고 있습니다. 열매를 맺어 얻을 수 있는 에너지에서 가져 들여오는 에너지를 빼면 마이너스가 됩니다. 그것이 자연의 생명계에 한없이 많은 변제 불가능한 부채를 증가시켜 왔던 것입니다. 자연농이란 그러한 문제를 결코 일으키지 않는, 영속을 가능하게 하는 재배 방식입니다.

쓰 **현대적인 농업에서는 식량에서 1칼로리를 취하는 데 10칼로리를 사용하고 있다고 합니다. 이래서는 적자가 아주 크지요.**

가 그 큰 손실을 자연의 생명계에 덮어씌우고 있습니다. 에너지만의 문제가 아닙니다. 외부에서 들여오는 것에 의존해서 자연 본래의 환경이 아닌 이상한 논밭에서 키운 작물에는 우리를 건강하게 키워주는 데 필요한 생명이 깃들어 있지 않습니다. 키우는 방식이 잘못되어 있는 까닭에 건강한 생명을 품고 있지 않은 것입니다. 이것은 반드시 해결해야 할 큰 문제입니다. 물론 안전성에도 큰 문제가 있습니다. 사람의 입으로 들어가는 먹거리가 심신에 해를 끼치는 것이라면, 육체가 쇠퇴하고 정신이 황폐해지며 생명력이 약해질 것입니다. 서서히, 확실히…… 말입니다. 물질문명, 과학문명, 도시문명, 소비문명에 몸을 맡김으로써 우리의 심신은 이미 현저하게 쇠퇴해 있을 것입니다. 완전한 생명이 깃들지 않은 먹거리 또한 쇠퇴를 앞당기는 하나의 원인이 됩니다. 그러한 점에서 자연농은 자연에 가까운 재배 방식이므로 작물은 훌륭한 생명이 완전하게 깃들어 있습니다. 이것은 또한 사람이 일생을 살아가는 의의와도 관련 있지요.

쓰   살아가는 의의? 설명해주십시오.

가   심신의 건강은 살아 있다는 것의 기본이 되는 것입니다. 살아가기 위해 필요한 먹거리를 자신이 키우는 것은 살아 있는 기본의 기쁨을 얻는 것입니다. 또한 논밭에서 나날을 보내면, 많은 생명들이 서로 살려주고 살아가고, 죽이고 죽고, 태어났다가는 죽는, 생명 영위의 모습을 볼 수 있으므로 살아가는 의미를 깨닫게 됩니다.

쓰 즉, 인간이 살아가는 데 필요한 것을 단순히 먹기만 하는 것이 아니라 그것을 직접 얻는 행위 그 자체가 살아 있다는 의의를 그 사람에게 준다는 것이지요?

가 생명체로서의 규칙도 깨닫게 됩니다. 모든 것은 절대적인 규칙 안에서 살고 죽습니다. 태어나는 것도 죽는 것도 목적이 없이, 부모로부터 자식에게로 생명은 돌고 돕니다. 끝남이 없습니다. 47억 년 전의 지구의 탄생도, 수백만 년 수십만 년 전의 인류의 탄생도 목적이 없었으며, 우주의 존재 그 자체도 목적이 없고, 지금도 내일도 목적이 없을 것입니다. 자연농의 논밭에도 그 모습이 나타납니다. 생명이 목적 없는 영위 안에서 살고 살리고, 지금을 살아가고 내일 죽어갑니다. 살리고 죽어가는 생명계의 흔들림 없는 질서 정연한 이치를 알고 "아! 그렇게 되어 있었던 것인가?

그리고 나 또한……."이라고 깨닫습니다. 살아 있다는 것
과 자연스레 살게 되는 것을 깨닫게 되면, 존재 그 자체의
무서움과 공허함, 비애는 살아가는 의미로, 의의로, 깨달
음으로, 그리고 살아갈 각오로, 그리고 안정과 안심으로,
나아가 기쁨으로, 감사의 마음으로 바뀔 것입니다.

쓰 **안심, 그것이야말로 현대사회에 가장 결여된 것일지도 모르
겠습니다.**

가 안심이란 죽을 때까지 살 수 있고, 사후에도 그다음 단계
로 확실하게 옮겨간다는 깨달음에서 오는 것입니다. 주어
진 지혜와 능력을 키워 일한다면 살고 죽는 것은 맡길 수
가 있어서 안심할 수 있습니다. 그 외에는 아무것도 필요
없습니다. 자연계는 빠짐없이 완전하며, 한 사람의 인간도
마찬가지이기 때문입니다.

쓰 **문명이라는 것은 뚜껑을 닫아놓고만 있습니다. 늙음도 뚜껑
을 덮고 죽음도 뚜껑을 덮어 멀리하려는 것 같습니다. 그렇
게 하면 마치 안심을 얻을 수 있을 것처럼. 하지만 그것은 잘**

못되었습니다.

가 잘못이지요. 사물의 실상을 보고 절대적인 규칙을 깨닫고 받아들임으로써 안심에 이를 수 있습니다. 진실을 보아야 합니다. 죽음에 뚜껑을 덮는다는 것은 살아가고 있는 지금을 정확하게 보고 있지 않는 것입니다. 죽음에 뚜껑을 덮음과 동시에 삶마저도 보지 않고, 삶의 영위로부터도 멀어져 갑니다. 도망가는 것입니다. 자연농의 논밭 세계는 삶과 죽음의 양쪽을 나날이 보여주므로 스스로 볼 수 있는 능력을 키울 수 있습니다. 겨울과 여름 두 차례, 논밭에서는 무수한 풀들이 죽어서 쓰러집니다. 겨울에 오기 전에 많은 작은 동물들의 모습은 보이지 않게 됩니다. 죽어가는 거지요. 새들이 쌀을 쪼아 먹습니다. 작은 동물이 마른 가지에 찔린 채 죽어 있습니다. 지금 막 뱀이 개구리를 삼켜버렸습니다……. 이 모든 행위가 지금을 살아가는 것임에 틀림없습니다. 사람도 생명 있는 것으로서 논밭에 몸을 두면, 다른 모든 것과 일체가 되어 자신의 지금을 살아가고 있다는 것을 깨닫게 됩니다. 이윽고 죽는 것을 알게 되어 받아들이면 기분이 안정되고 마음이 편안해집니다.

자유롭게 살고 죽는 절묘한 모습입니다.

쓰 **자연농의 최대 특징은 땅을 갈지 않는다는 것이라고 생각합니다. 이것과 생명의 영위와의 관계를 설명해주십시오.**

가 자연농의 논밭은 갈지 않습니다. 갈지 않으면 지금을 살아가는 동식물의 생명이 죽지 않고 활동을 계속하고, 생물들의 생사의 순환이 흙을 무대로 축적되어 갑니다. 유형과 무형의 생명의 역사가 논밭 위에 쌓여갑니다. 이 역사를 무대로 다음의 생명은 온전히 살 수 있게 됩니다. 살아가는 데 필요한 것은 모두 여기에 있는 것입니다. 사람이 마련하지 않더라도 스스로 존재하는 것입니다. 삶과 죽음이 반복되는 만큼 많은 생명을 키울 수 있는 풍요로운 무대가 되어갑니다. 이 지역의 경작토는 30센티미터 정도 개간되어 만들어졌습니다. 그 위에 시체의 층이 자연스럽게 생겨난 것입니다. 일반적으로 뭉뚱그려서 흙이라고 부르지만, 실제로 위는 부패한 "시체의 층"입니다.

쓰 **그렇지만 흙도 생명 활동에 의해 태어난 것이잖아요.**

가 자연계의 물질을 유기물과 무기물로 나누는데, 바위나 돌이나 흙은 무기물입니다. 고지에서 저지대로 물과 바람이 흘러내려 가면서 바위가 부서지고 돌이 부서지고 모래가 부서져 흙이 되고, 거기에 동식물의 생사의 순환에서 생겨난 시체가 썩은 흙도 뒤섞여 논밭의 흙이 됩니다. 흙 자체는 생명 활동을 하지 않지만, 넓은 의미에서는 생명 활동의 일환을 담당하고 있고 시시각각 변합니다. 한편 자연계에는 흙이 없는 곳도 있습니다. 바위만 있는 산에도 식물이 자라고 동물들이 살고 있습니다. 삼면을 콘크리트로 바른 개울의 벽에도 마른풀들이 퇴적되어 부식하고, 거기에 수분과 온도와 태양의 은혜와 공기의 은혜가 있으면 떨어진 씨가 싹을 틔우고, 조건이 갖춰지면 벼가 이삭을 맺습니다. 흙이 없어도 벼나 채소는 자랍니다. 흙을 풍요롭게 해야 한다, 흙을 만들어야 한다는 것은 잘못된 인식입니다. 자연계는 물론 자연농의 세계에서도 흙에 손을 대면 안 됩니다. 요컨대 땅을 갈아서는 안 되는 것입니다. 적토는 적토, 흑토는 흑토, 진흙은 진흙, 모래땅은 모래땅, 그대로가 좋습니다. 흙을 풍요롭게 할 필요가 없습니다. 물론 흙은 풍요롭게 만들 수 없습니다. 하지 않아도 됩니다. 흙을 무대로, 바위를 무대로 생명이 살아 생사를 되풀이하면, 스스로 시체의 층을 쌓고 생명들을 살리는 풍요로운 무대가 만들어집니다.

쓰 **"생명들의 풍요로운 무대" 정말 좋은 말입니다. 하지만 그 층을 "흙"이라고 부르는 사람도 있습니다.**

가 전문적으로는 부식토 또는 부엽토라고 부릅니다. 자연농의 논밭에는 부식토의 층이 만들어지는데, 논밭을 갈면 생명이 죽고 역사가 단절되어 버리기 때문에 부식토가 만들어지지 않습니다. 스스로의 손으로 다량의 에너지와 시간을 들여 쓸데없는 것 이상의 손실을 계속 내고 있는 것입니다.

쓰 **아! 과연 그렇군요. 하지만 가와구치 선생님은 그것을 부식토라고는 부르지 않는다는 거지요?**

가 그렇습니다. "시체의 층" 또는 "생명들의 역사"가 실질적인 호칭입니다. 과거의 생명들의 무대가 지금의 생명들의 무대가 되어 살아가는 것입니다.

쓰 농지를 개선한다고 하고서는 전혀 다른 곳에서 흙을 가져오 곤 하지요. "여기는 흙이 나쁘니까."라고 하면서.

가 "객토"라고 합니다. 밭의 입장에서 보면 옮겨 온 흙은 손님 이지요.

쓰 객토와 흙 만들기라는 생각은 인위적으로 흙을 개조한다는 발상이 공통되어 있는 셈이지요. 그렇다면 그 발상으로부터 어떻게 벗어날 수 있을까요?

가 객토는 습지나 저수지로 흘러 들어간 동식물의 시체가 부 식된 흙이나 퇴적되어 부식 중인 흙입니다. 그것을 논밭에 대는 것이지요. 다른 곳으로부터 역사를 가져오는 것입니 다. 한때는 조금 효과가 있었습니다. 하지만 자연 본래의 시체의 층에서는 항상 미생물과 작은 동물의 생명 활동이 이루어지고 있습니다. 살아서 모든 것을 다한 풀들과 작 은 동물의 사체가 드러누운 곳에 작고 작은 생물들이 탄생하고, 다시 그 생물들이 시체를 먹고 지금을 살아갑니다. 이렇게 만들어진 시체의 층은 부식해갑니다. 미생물이 사는 것 자체, 살아가고 있는 생물들의 존재 자체가 가장 중요합니다. 부식토 이상으로 다른 생명의 활동이 중요한 것입니다. 다른 생명이 살아 있는 곳에서 살아갈 수 있는 것입니다. 객토를 하거나 땅을 갈았을 때 다른 생명의 활동은 끝이 납니다. 자연에 맡기는 수밖에 없습니다. 그것이 최선입니다. 정글을 태워서 밭을 만든다는 이야기를 듣곤 하지만, 숲을 태워보면 바위가 굴러다니고 있고 흙은 없다는 것을 알게 됩니다. 흙은 필수 조건이 아닙니다.

쓰 **아마존에서의 어느 연구에 의하면, 정글에 있는 식물들 모두 뿌리 끝의 90퍼센트가 지표에서 10센티미터 이내에 있다고 합니다. 분명히 정글을 걸어 다녀보면 때때로 거목이 쿵 하고 쓰러지는 광경을 목격하게 되는데, 그때 보이는 뿌리와 거기에 붙어 있는 흙은 전병처럼 납작합니다.**

가 가는 뿌리는 태양의 햇살이 미치지 않는 곳에서는 위쪽으로 둘러칩니다. 자연농의 논밭에서도 그러한 모습을 볼 수 있습니다. 바위산에 있는 나무의 뿌리 밑은 얇고 바위에 또 바위뿐입니다. 부식토는 아주 조금이지요. 자연농의 논밭도 이와 닮았습니다. 논은 30년 동안 쌓인 약 10센티미터의 시체의 겹입니다.

쓰   그렇게 생각하면 대단한 것입니다. 그 얇은 층이 저만큼의 생명을 지탱하고 있는 것이니까요. 생명 활동에 관련된 "흙"의 두께가 어느 정도인가에 대해, 어느 우주물리학자는 지구를 농구공 크기라고 한다면 원자 1개분이라고 표현했습니다. 가와구치 선생님이 말하는 "시체의 층"은 그것보다도 더 얇은 것이네요.

"갈지 않는 것"이 은혜를 부른다

쓰   가와구치 선생님은 인류가 "땅을 가는" 것을 시작한 시점을 결정적인 순간이라고 생각할 것 같습니다.

가   그렇습니다. 오늘날의 도시문명이 여기까지 비대해진 과

정의 시작은, 채집 생활에서 농경 생활로 변화되어 일정량
의 식량을 매년 얻을 수 있게 된 후였을 것입니다.

쓰　**가와구치 선생님은 농사를 지으며 사는 삶의 시작 자체가 실
패였다고 생각하십니까?**

가　아니요. 농사의 본연, 생활의 본연, 인위의 방식이 자연의
섭리에서 벗어났다는 사실이 문제인 것입니다. 농사와 생
활, 사람이 힘을 가하는 방식이 자연의 섭리에서 벗어나지
않았다면 이렇게 되지는 않았을 것입니다. 삶은 보장되어
있습니다. 자연의 보살핌 안에서 살아갈 수 있는 동안에
는 평화롭게 살 수 있습니다. 자연히 죽음이 찾아오면 사
람이라는 생물도 지구상에서 사라집니다. 재배 생활, 농
경 생활 자체가 원래 환경 파괴라고 생각하는 사람도 있지
만 결코 그렇지 않습니다. 그렇지 않은 것이 자연농입니다.

쓰　**가와구치 선생님이 말씀하듯이, 저도 오늘날 세계의 위기의
본질은 인간이 자연계로부터 분리되어 버린 것에 있다고 생
각합니다. 농사를 지으며 사는 삶 자체는 그 분리의 시작으**

로 "생명으로서의 자신의 운명을 살아가는" 길을 잘못 밟아 헛디딘 것은 아니라는 말씀인가요?

가 그렇습니다. 요즘 세상은 농사뿐만 아니라 모든 면에서 길을 크게 벗어나 멈출 줄도 모르고 속도를 더하고 있습니다. 농사의 역사에서 "땅을 간다"는 행위는 오류에 빠지는 첫걸음입니다. 재배 생활 그 자체가 잘못된 것이 아니라 재배 방법, 농경 방식이 잘못된 것입니다. 그러므로 오류만 바로잡으면 됩니다. 땅을 갈 필요도 없고 비료농업도 필요 없으며, 풀도 벌레도 적이 아닌 곳에 다시 서면 되는 것입니다. 자연농은 오류를 다시 올바르게 고친 재배 방법입니다.

쓰 **가와구치 선생님의 관점에서 보면, 현대의 위기는 단순히 근대화나 산업혁명 이후의 공업화가 불러일으킨 것이 아니라 오히려 "땅을 가는" 것을 시작한 때부터 유래한 것이라는 말씀이지요?**

가 산업혁명은 위기로 가는 커다란 촉진제였고, 위기는 땅을 가는 농경 생활에서부터 이미 시작되었습니다. 수천 년이라는 오랜 역사 안에서 이루어진 과실입니다. 모든 생명은 스스로 이루어집니다. 사람이 힘을 가하지 않아도 됩니다. 자연계는 정도에서 벗어나지 않고, 해서 안 되는 것도 없습니다. 해야 할 것은 스스로 해냅니다. 시시각각으로 절묘하게 각각이 자기 생명을 영위하고 있습니다. 그러므로 목적을 달성할 수 있도록 따라가면 되는 것입니다.

쓰   **그리고 하지 않아도 되는 것은 하지 않는다…….**

가   네. 쓸데없는 짓을 하지 않고 허비하지 않고 마음을 너무 움직이지 않으며 해야 할 것을 합니다. 목적을 달성하도록 도와줍니다. 적기에 적확하게. 그때에 생명의 법칙에서 벗어난 행위를 하거나 생명 활동 자체에 손을 대거나 하면 안 됩니다.

쓰   **과연 그렇군요. 땅을 갈지 않는다는 것에 관해서는 최근에 기무라 아키노리 씨의 "기적의 사과"●가 인기를 모으고 주목받고 있습니다. 기무라 씨는 만나보신 적이 있습니까?**

● 아오모리 현 이와키마치의 사과 농가에서 기무라 아키노리가 그때까지 절대 불가능하다고 생각되었던 완전 무농약, 무비료로 키워낸 사과를 말한다. 『기적의 사과』(김영사, 2009)로 출판되었다.

가 아주 오래전에 누군가 소개해주서서 고후^{甲府}의 자연농 학습장에 오신 적이 있다고 기억합니다만, 잘못된 기억일 수도 있습니다. 제대로 만난 적은 없습니다.

쓰 **"땅을 갈지 않는 것"이야말로 자연농의 본질이라고 해도 좋을까요?**

가 그렇지요. 기본 중의 기본입니다. 땅을 갈면 자연농이 아니라고 할 수 있습니다. 땅을 갈면 반드시 문제가 생깁니다. 갈지 않음으로써 문제를 만들지 않고 자연의 은혜를 최대한 받을 수 있는 것입니다. 논밭에서 다른 것에 의존하지 않고 그 자체로 완성되는 것입니다.

쓰 **그렇다면 왜 인류는 땅을 갈아왔을까요? 흔히 이야기하듯 영어로 "문화"를 뜻하는 "culture"라는 말은 "땅을 갈다"라는 의미의 "cultivate"와 어원이 같습니다. 그만큼 땅을 가는 것은 인간의 존재에 깊이 뿌리내리고 있는 것처럼도 보입니다만.**

가 "문화"의 땅을 갈다, 사색하다, 다하다…… 등은 사람에게 불가결한 중요한 것들입니다. 농사에서는 한번 갈면 다음에도 또 갈아야만 합니다. 땅을 갈면 수확량을 일시적으로 늘릴 수는 있습니다. 땅을 갈면 풀을 제압할 수 있고 다른 풀에 양분을 빼앗기지 않을 수도 있습니다. 하지만 한번 갈게 되면 시간의 흐름과 함께 흙이 딱딱해져서 작물의 뿌리에 공기가 닿지 않게 되고 성장이 나빠집니다. 또는 씨를 뿌리거나 모종을 심는 작업이 불가능해지기 때문에 계속 갈아야 합니다. 갈지 않으면 흙은 딱딱해지지 않고 계속 말랑말랑한 상태를 유지합니다. 땅을 가는 것은 헛된 일이고 한없이 낭비하는 일이며 본래 받을 수 있는 은혜를 스스로 버리는 것입니다.

쓰 **그렇다면 땅을 간다는 것은 마치 덫과 같군요. 거기에 한번 걸리면 빠져나올 수 없으니까요.**

가 오늘날에는 그렇게 되었습니다. 그것을 끊어내기 위해서는 참고 땅을 갈지 않아야 합니다. 그렇게 하면 생명의 무대는 다시 부활합니다. 부활하는 능력은 대단합니다. 아무것도 하지 않으면 부활하는 겁니다. 생명의 세계는 정말 대단하지요. 해마다 생명이 부활하는 것이 이 눈에도 보이기 때문에 마음이 즐거워집니다.

쓰 **옛날에 유럽인들이 아메리카 대륙을 신대륙이라고 부르며 들어갔을 때, 거기에 살고 있던 선주민들을 디거**digger•**라고 부르며 바보 취급을 했습니다. 그리고 그들을 막대만 들고 있고 경작이라는 것도 모르는 뒤처진 백성들이라고 평했습니다.**

가 아……, 그 사람들은 막대기로 흙에 구멍을 뚫어 옥수수 씨앗을 뿌렸습니다. 자연농과 같은 것이었지요.

쓰 **그렇습니다. 한편 선주민들은 백인들이 물구나무선 농업을 한다고 생각했다고 합니다. 막대의 손잡이 부분이 위를 향하고 있었으므로 그렇게 보였다는 설도 있지만, 그들이 흙을 파내버리는 것을 이상하게 생각했던 것은 아닐까요?**

가 선주민들은 자연에 부합한 재배 방식을 채택하고 살려주고 살아가는 삶을 알았던, 정말로 현명한 사람들이었던

• 구멍을 파는 사람들이란 뜻이다._옮긴이

것이지요. 그런데도 인류 전체는 땅을 갈지 않는다는 것의 의미를 분명히 인식하지 못한 채 어리석게도 눈앞의 효율성이나 일시적인 수확량에 사로잡혀 있습니다. 이것이 근대 농업의 흐름이 되어버린 것이지요.

쓰 **제게는 역사의 최초 지점이 아무래도 분명하지 않습니다만, 역사에서는 보통 괭이에서 가래로 발전했다는 식으로 흙을 뒤집는 도구와 함께 농사가 시작되어 진화해왔다고 여겨집니다. 가와구치 선생님의 자연농은 그 이전으로 되돌아가고자 하는 시도로도 보이는데, 그렇다면 "그 이전"이란 무엇일까요?**

가 그것은 "과거로 돌아가는 것"이 아니라 "생명에 부합하는 올바른 존재 형태"를 의미합니다. 약 1만 년 전, 채집 생활을 기반으로 농경 생활이 시작되었습니다. 채집과 농경이 겹치는 시기가 분명히 있었을 것입니다. 늪지대에서 벼를 훑어서 가져갈 때 넘쳐서 떨어진 벼가 다음 해에 자라납니다. 단지 흩뿌리는 것만으로도 그 자리에 확실하게 나름의 수확량이 보장되었으므로 처음에는 땅을 갈지 않고 그냥 씨를 뿌렸습니다. 이윽고 생명계를 보는 시야가 좁아지고 집착하는 마음과 겹쳐져서 "풀을 뽑는 편이 수확량을 늘려주지는 않을까?", "땅을 갈면 수확량이 더 많아지지 않을까?" 하는 등 일시적인 수확량 증가에 사로잡혀 버린 것입니다. 갈지 않은 땅에서는 과거의 역사를 무대로 많은 생명이 현재를 살아가고 있고, 거기에서 벼가 자라납니다. 동식물은 함께 존재하고 함께 자라나는 관계이므로, 풀들과 작은 동물이 논에 있기에 식물인 벼가 자랄 수 있는 겁니다. 현재를 살아가는 많은 생명들은 다음에 오는 생명을 더욱 풍요롭게 해줍니다. 그것이 자연의 숲이나 산이겠지요. 과거에는 자연의 숲이나 산에서 채집을 해서 여러 가지 은혜를 손에 넣을 수 있었는데, 자연농의 논도 마찬가지입니다. 갈지 않은 자연농의 논에서는 생명들이 항상 생명 활동을 하고 있습니다. 최근에 생물 다양성이 중요하다고들 합니다만, 숫자와 종류가 많으면 된다는 것이 아니라 그 자리에 어울리는 생명의 숫자와 종류가 있어야 합니다. 그 조화는 저절로 결정되는 것이고 자연에 맡겨두는 것이 기본입니다. 자연농의 논밭은 그렇게 되어 있습니다.

훌륭하게 살아간다

쓰 채집 활동은 자연계 안에서 많은 동물들이 행하고 있습니다. 인간에 의한 농사 행위는 그것과 분명히 구별됩니다. 쌀을 수확할 목적을 세우고, 그를 위해 계획을 짜고, 그에 따라 활동합니다.

가 자연이 인간에게 부여해준 아슬아슬한 선을 자연농은 보여주고 있습니다. 채집에서 재배로 이행하면 보다 많은 은혜를 받을 수 있다는 것도 구체적으로 보여줍니다. 다른 생명을 죽여서 살아간다는 점에서는 채집 생활도 재배 생활도 동일하지만, 재배에 의해 어디까지 인간의 것으로 할 수 있는가 하는 물음에 대한 대답이 바로 자연농이라고 할 수 있습니다.

쓰 예를 들면, 벼를 키우는 과정에서 필요에 따라 낫을 사용하는 것도 그런 것이겠네요.

가 재배로 이행했으므로 재배 생활을 포기해버리면 자신으로서 살아갈 수 없습니다. 활과 화살로 짐승들을 사냥하지 않게 된 것과 같습니다. 즉 살아갈 수 없게 되는 겁니다. 삶의 기본인 의욕과 지혜와 능력을 상실하면 생명력이 쇠퇴하게 됩니다. 사람은 다른 생명을 "훌륭하게" 죽여서 자기 생명을 살아갑니다. 이것은 "탐욕"과는 다른, 인간 또는 모든 생명 있는 것에게 있어서 기본 행위인 것입니다. 채집이든 재배든 그 능력을 쇠퇴시키거나 잃어버려서는 안 될 것입니다.

쓰 **그 "탐욕"과 "기본 행위"를 구별할 수 없게 된 것이 현대사회의 모습입니다. 경제란 바로 그 구별을 무효화해 인간을 한없이 욕구하고 탐하는 존재로 바꾸기 위한 장치와 같습니다. 농사 행위에서 본 탐욕이란 무엇인지 조금 더 설명해주십시오.**

가 탐욕이란 족함을 모르고 필요 이상으로 다른 생명을 죽이고 쓸데없이 소비를 하는 것입니다. 기본 행위는 연민이나 동정을 불러일으키지 않고 모두 구별 없이 먹고살아갈 수 있게 합니다. 살아가는 데 있어서 다른 생명에게 연민이나 불쌍함을 느끼는 것은 생명력의 쇠퇴를 보여주는 부분입니다. 생선을 구울 때 "불쌍하니까 불을 약하게 해야겠다." 하고 생각하지 않습니다. 요리를 할 때에는 절묘한 순간, 좋은 솜씨로 생명을 죽입니다. 죽인다는 의식 없이 "이 생선 맛있겠다."라고 느끼면서 아주 훌륭히 식칼을 사용해 다른 생명을 죽입니다. 그것이 "훌륭하게 살아가는" 행위입니다. 하지만 탐욕을 부려서는 안 됩니다. 또한 무섭다고 생각하면 온몸이 떨려서 살아 있는 생선을 잘 요리할 수 없습니다. 그렇게 되면 자신의 생명을 살아갈 수 없습니다. 수렵·채집 생활에서는 특히 이것이 흔들리지 않는 삶의 기본 모습입니다.

쓰 **탐욕에는 경외와 자비가 제어장치가 된다고 생각합니다. 그래도 기본 행위를 하는 데에는 경외와 동정의 여지가 없다는 말씀이지요? 한편으로 불교나 자이나교와 같이 생명을 취하지 않으면 살아갈 수 없는 자신의 존재의 커다란 죄에 대해 깊은 사색을 거듭해온 전통도 있습니다만……**

가 기본적인 살아가는 행위를 커다란 죄라고 파악해서는 안됩니다. 다른 생명을 죽여 먹어도 좋습니다. 생명의 세계의 이 행위에 죄나 부정을 느끼는 종교관에 빠지지 말고 끝까지 살아야 합니다. 그러나 동시에 "족함"을 알아야 합니다. 우리는 사실 족하여 과부족이 없는 생명의 세계에 살고 있습니다. 여기에 살 수 있으면 탐욕에 빠지지 않습니다. 너무 많이 먹어서는 안 된다고 이성으로 탐욕을 제어하기에는 한계가 있습니다. 또한 닭을 죽일 때에는 훌륭하게 죽여야 합니다. 삶의 기본이 되는 강인함이 필요합니다. 주저하면 완전히 죽이지도 못하고 괴롭히는 꼴이 되어버립니다. 또는 자신이 굶어 죽습니다. 일본에서는 예로부터 곡류 중심의 생활을 해왔습니다. 곡류, 채소 그리고 동물 약간. 닭을 죽이고 생선을 죽이고 배추를 죽이고 무를 죽입니다……. 이것들을 훌륭하게 죽여서 요리를 하고, 이렇게 이루어진 음식문화는 예술로까지 고양되고 종교의 본질도 얻어 일본 민족 특유의 것을 만들어왔습니다. 물론 세계의 민족들도 마찬가지입니다. 살기 위해 죽여서 먹는 행위는 아름답고 엄숙한 행위입니다.

쓰 **"엄숙"이라는 말은 생명을 받는 것에 너무나 잘 어울리는 말입니다.**

가   예를 들면, 뱀이 개구리를 잡아먹습니다. 이것은 단순히 약육강식이 아니고 엄숙한 행위입니다. 그러한 관점을 가질 수 있어야 합니다. 개구리가 불쌍하다고 뱀을 잡도리하는 것은 생명의 이치에 반하는 것입니다. 물론 뱀도, 작은 생물을 덥석 절묘하게 먹는 개구리도 족함을 알고 있고 탐욕은 결코 부리지 않습니다.

쓰   지금의 젊은 세대들에게 반향을 불러일으킨《생명을 먹는 방법》이란 다큐멘터리 영화가 있습니다. 내레이션도 음악도 자막도 전혀 없습니다. 현대 유럽의 극도로 근대화되고 기계화되고 합리화된 농업의 풍경을 담담하게 보여주는 영화입니다. 예를 들면, 공장 안에서 수경재배로 기른 채소를 로봇과 같은 큰 기계가 한꺼번에 베어 갑니다. 아몬드 나무를 거대한 손을 가진 기계가 흔들어서 그 열매를 하나도 남기지 않고 수확합니다. 소 우리에서는 기계에 매달린 소들에게 인공수정을 하고, 닭장에서는 수많은 병아리들이 자동화 컨베이어 벨트로 옮겨집니다. 큰 기계들 사이에서 무표정한 로봇 같은 인간들이 순종적으로 일하고 있습니다.

  이 영화가 젊은이들 사이에서 인기를 끄는 것을 보고 저도 처음에는 매우 놀랐습니다. 그들은 자신들이 먹고 있는 것이 만들어지는 현장의 모습을 처음으로 생생히 보게 되어 불가사의한 감동을 느꼈던 것 같습니다. 먹거리가 모두 살아 있는 것이라는 사실과 그 생물이 마치 살아 있는 것으로 다루어지지 않는다는 사실. 모든 것이 고도로 관리된 공장과 무기질의 장소에서 이루어지고, 거기에서는 생명의 존엄 등 모든 것을 빼앗겨버립니다. 그것이야말로 "엄숙함"이 아닙니다. 이와 같은 광경이 담담하게 그려져 있습니다.

가 현대 농업의 흐름은 자연의 논밭에서 벗어나 잘못된 공장 생산을 향해 가고 있으니까요.

쓰 중간에 그 공장에서 근무하는 종업원들의 점심 식사 풍경이 나옵니다. 맛없어 보이는 샌드위치를 혼자서 무표정하게 먹고 있는 사람들의 모습. 이것은 대도시에 살고 있는 우리가 원형이 남지 않을 만큼 가공된 생명의 단편을 마치 무기물을 먹는 것처럼 소비해가는 모습과 중첩됩니다. 그리고 현재, 많은 젊은이들은 먹는 것의 의미를 느끼지 못하게 된 것 같습니다.

가　그것은 살아가는 의미를 잃어버렸다는 것이지요. 기본의 생활에서 벗어났으므로 무엇이 기본인지 알지 못하게 된 것입니다. 지금 사회의 여러 분야에서도 정말로 무엇을 해야 좋을지 점점 더 알지 못하게 되는 것 같습니다. "이대로는 안 된다.", "이건 잘못된 거야.", "인류 멸망의 위기가 다가오고 있다."라는 것은 알고 있어도, 그럼 어떻게 하면 좋을까 하고 물으면 잘 모릅니다. 어둠 속에서 더듬어 찾는 식입니다. 농업 분야에서도 현행의 화학농업의 오류를 깨닫고 찾아낸 유기농법*, 오리농법**, EM농법**, 토착 미생물농법**, 효소농법*** 멀칭농법*** 등등은 모두 문제가 있어서 진정한 대답에는 이르지 못하고 있습니다.

쓰　**그렇다면 만약 유기농업을 실천하고 있는 사람들이 여기에 왔다면 가와구치 선생님은 어떻게 대응하시겠습니까?**

가　상대에 따라 다르겠지만 자신이 하고 있는 유기농업이 뛰어나다고 이야기한다면 무난한 답을 하겠지요.

쓰　**그럼 답을 찾아 유기농업에 이르게 되었다는 사람이 가와구**

● 화학비료나 농약을 사용하지 않고 양질의 퇴비나 미생물 유기비료를 만들어 그것을 흙 속에 투입해 흙을 만드는 농법.

●● 논의 제초 작업을 농약에 의존하지 않고 오리에게 시키는 수도(水稻)재배법.

●● 미생물군을 모아서 배양한 EM균을 살포하는 미생물농법의 일종.

치 선생님이 말씀하신 "진정한 답"을 찾아서 이곳에 온다면?

가   그런 분들은 나름대로 각오를 하고 화학농업에 대해 새로
묻고 선두에 서서 유기농업을 개척한 선인들입니다. 실천
하는 중에 새로운 의문을 만나 진정한 답을 찾아오신다면
성의를 다해 설명할 것입니다. 한층 더 진실을 찾고 계시니
까요. 그런 분들이라면 유기농업 다음에 가야 할 길이 분
명 보일 것입니다. 그렇지만 제가 먼저 무리하게 자연농을
권하지는 않을 것입니다. 오늘까지 그렇게 한 적은 한 번도
없습니다. 각각의 사정도 있을 것이고 각각의 삶도 있을 것
이기 때문에 그렇게 할 수는 없지요.

쓰   조금 집요한 것 같지만 "진정한 답을 가르쳐주십시오."라고
하는 사람에게는?

가   진실한 이야기를 할 것입니다. 지금까지 20여 년간 답을
구하러 오는 사람들에게 그렇게 해왔습니다. 그런데 화학
농업에 대한 되물음에서 생겨난 여러 가지 농법을 주시해
보면, 오리농법은 풀을 적으로 하는 생각에서 생겨난 것

●● 토양 중에 미생물이 생식하기 쉬운 환경을 최우선시하는 유기농법의 일종. 그 토양에 미생
●● 물을 살포하는 경우도 있다.
●●● 발효한 효소를 비료로 투입함으로써 흙 속에 존재하는 미생물의 번식을 촉진하는 농법.
●●●
●●● 지온을 보존하거나 잡초가 번성하는 것을 방지하는 등의 목적으로 지면에 시트를 깔거나
●●● 볏짚을 덮는 농법. 멀칭mulching은 뿌리를 덮는다는 의미.

입니다. 그리고 오리농법은 땅을 갈지 않고서는 성립되지 않습니다. 아주 커다란 에너지의 허비입니다. 그리고 오리를 키우는 것도 힘든 일입니다. 원래 하나의 논 안에 오리와 벼만 있다는 것은 자연계에서는 있을 수 없는 이상한 환경입니다. EM농법은 미생물의 작용에 유효 무효의 구별을 지어주게 됩니다. 작물을 크게 하는 것을 유효, 작게 만드는 것을 무효라고. 그렇지만 실제로는 어떤 토지에도 반드시 어울리는 미생물이 탄생하고, 유효 무효의 구별 없이 자신의 생명을 살면서 다른 생명을 온전히 키웁니다. 화학비료를 사용하지 않는다는 점에서 해답은 제시하고 있지만, 풀을 적으로 삼고 비료를 필요로 하고 있습니다. 또한 "땅을 간다"는 점에서 자연계에는 존재하지 않는 무익한 행위, 손해를 끼치는 행위로 많은 문제점을 초래하고 정말로 방대한 에너지를 허비하고 있습니다. 그리고 인간인 우리는 그렇게 부자연스럽게 크게 성장한 작물을 소화해야 합니다. 즉 우리를 건강하게 길러주는 것이 아니라 해를 끼치기도 하는 것입니다.

또한 유기농법에서는 시체나 배설물을 미생물이 부식시킨 유기비료로 밭에 넣어 땅을 갑니다. 비료가 필요하고 땅을 갈아야 하며 자연농약도 조금은 사용하고 벌레나 풀을 적으로 삼는 잘못된 생각 위에 서 있습니다. 퇴비로 만드는 것은 미생물의 생명 활동에 의한 것입니다. 그러나 유기농법에서는 썩힌 것을 밭에 넣습니다. 그리고 땅을 갑니다. 퇴비를 투입한 곳에서 미생물은 이미 죽어 있습니다. 한편 자연농에서는 자연에 맡겨둠으로써 그 자리, 그 기후, 그 계절에 맞는 미생물이 자연스럽게 탄생해 시체를 먹고 살아갑니다. 그렇게 하여 부식되어 가는 것이지요. 이 영위, 이 무대 전체가 소중한 것입니다. 벼는 그 미생물이 생명 활동을 전개하고 있는 무대에서 살아갈 수 있습니다. 자연의 산이나 숲과 마찬가지로, 자연농의 시체의 층은 항상 부식화하고 있습니다. 무수한 생명들이 살아가고 있는 것입니다. 거기에서 벼도 살아갈 수 있는 것입니다. 물론 가장 위쪽은 부식되지 않습니다. 깊이에 따라 생명 활동의 상태가 다르고, 작물은 각각 어울리는 곳에서 뿌리를 내립니다. 이것도 자연 본래의 모습으로 소중한 것입니다. 퇴비장에서 부식되면 안 됩니다. 부식되는 곳에서 다음 생명이 자라나니까요. 비료는 다른 곳에서 만들어서 가져오지 않아도 된다는 말입니다.

쓰 즉 자연농에서는 생사의 모든 과정이 전부 밭에서 일어나고 있다는 거군요. 그에 비해 유기농법에서는 그 일부만을 추려 낸 것이라는 말씀이지요?

가 네, 말씀하신 그대로입니다. 유기농법도, 다른 농법도 다 그렇습니다. 자연농은 종합입니다. 정말 소중한 것은 썩어 가는 생명의 활동인 것입니다. 그리고 토착 미생물농법이 있는데, EM농법은 유효 무효의 구별을 짓지만 토착 미생 물농법은 유효 무효의 구별을 짓지 않고 그 토지의 미생물 의 작용을 받아 퇴비나 바림*ボカシ*•을 만들어 밭에 투입합 니다. 비료를 넣고 땅을 갈고 풀이나 벌레를 적으로 삼는 다는 점에서 문제가 있습니다.

　효소농법도 있습니다만, 미생물농법과 매우 유사합니 다. 생명 활동은 우리 인류가 아직 알 수 없는 무한의 작용 아래에서 이루어집니다. 마지막으로 멀칭농법인데, 이것 도 풀을 적으로 한다는 점에서 잘못되었습니다. 자연계에 는 적과 아군의 구별이 없습니다. 각종 풀들도 빼놓을 수 없는 생명입니다. 멀칭농법은 땅을 덮을 것을 만들고 땅을 갈아야 합니다. 정말은 아무것도 필요 없습니다.

• 양분이 많은 유기물을 발효시켜 비료로 만든 것.

쓰 "자연농은 종합이다."에서의 "종합"이라는 말은, 지금 전 세계 여기저기에서 "총체적holistic"이라는 말이 표어처럼 사용되기 시작한 것과 연관이 있다고 생각합니다. 또한 이야기를 듣다 보니 이전에 가와구치 선생님이 "답하는 마음으로 살아간다."라는 말씀을 했던 것이 생각났습니다. "지금을 살아가는 것"은 "답하는 마음으로 살아가는 것"이라고 하셨지요.

가 네, 그렇습니다. 정말로……. 생명의 길, 사람의 길을 따라 지금을 살아가고, 답하는 마음으로 살아가야 합니다. 진정하게 답을 하는 마음으로 지금을 살아가고 싶습니다. 이것은 누구나 추구하고 원할 것입니다. 춘하추동 꽃이 피고 나비가 춤추는 논밭에서, 부드럽고 맑게 퍼져가는 하늘 아래 바람이 스치고 물결이 빛나는 해변에서, 붉은색 노란색 녹색으로 색깔을 바꿔가며 물드는 수풀과 숲에서, 생명 있는 것으로서 대답하는 마음으로 살아가는 즐겁고도 기쁜 나날을 보내고 싶은 것입니다. 이 별, 생명들이 빛나는 화원, 우주의 낙원에 태어났으니까요.

족함을 아는 삶

쓰 가와구치 선생님의 이야기를 듣다 보면, 자연농의 특징은 "저 것을 한다.", "이것을 해야 한다."라는 덧셈식 발상이 아니라 "그것을 하지 않는다.", "이것은 하지 않아도 된다."라는 뺄셈 식의 발상이라고 새삼 느꼈습니다. 하지 않아도 좋은 것은 하 지 않는다. 땅을 갈지 않고 풀이나 벌레를 적으로 삼지 않고, 가져오지 않고 내보내지 않는다. 노자의 "무위자연"을 떠올 리게 합니다. 저도 현대에 도교道教적인 생태학이 필요하다고 생각해 최근『슬로라이프를 위한 슬로플랜』*이라는 책을 쓰 기도 했습니다. 그 책에서 저는 현대사회를 "하는 것"의 과잉 을 본질로 하는 "하고 또 하는 사회"라고 부르고 있습니다. 현대 농약의 특징도 "하는 것"의 과잉, 과도함의 극치라고 생 각합니다. 근대화 과정에서는 농업이라고 하면 "힘든 일"이 라는 부정적인 이미지뿐입니다. 힘만 들고 수지가 맞지 않는 다고 생각하지요. 무엇이 힘든가 하면, 대표적인 것은 기계나 농약이 없던 시대에 땅을 가는 것, 제초, 비료 만들기, 거름 을 주는 것 등의 작업이 아닐까요? 그런 일들로부터 거의 해 방된 자연농은 농업이 힘들다는 이미지를 지워버릴 수 있다

● 한국어 번역판은 장석진 옮김으로 2012년 문학동네에서 출간되었다._옮긴이

고 생각합니다. 게다가 땅을 갈지 않는 만큼, 풀이나 벌레를 적으로 삼지 않는 만큼 시간이 생긴다고 생각합니다. 가와구치 선생님의 경우 그 시간에 예술이나 아이들 교육, 한방의학 연구 등을 열심히 하셨지요.

가 지구 위에서 같은 운명을 지닌 인류는 모두 하나의 가족입니다. 또는 하나의 사회입니다. 한 사람 한 사람이 살아가는 인간 사회에서 해야 할 것이 많이 있습니다. 정치, 교육, 종교, 예술, 농림어업, 의료……. 그리고 집을 짓고 옷을 만들고 요리하는 의식주의 분야, 또는 돈을 매개로 한 사회이기 때문에 생기는 직무가 있습니다. 자신의 자질을 알고 능력을 길러 인간 사회에 필요한 일을 해야 합니다. 역할 분담입니다. 기본 행위인 먹는 것 또는 자신을 다스리는 것은 얼른 해버리고 오류 없이 직무를 다하는 것이 중요합니다. 자신이나 가족이 먹을 만큼만이라면 순식간에 해낼 수 있습니다. 전업농가의 사람들은 논밭에 설 수 없는 사람들을 부양하는 훌륭한 먹거리를 만드는 것이 직무입니다.

쓰 지금 "얼른"이라든가 "순식간에"라는 말에 덜컥 반응하고 말았습니다. 그것은 패스트푸드의 구호이니까요. 현대에는 효율화를 최고로 치는 사고방식으로 먹는 것을 비롯한 가사 전반에는 되도록 힘을 적게 들이려고 합니다. 그에 대해 우리는 슬로푸드라든가 슬로라이프라는 말을 사용해 저항하고 있는 셈이지요.

가 물론 제가 말씀드리는 것은 그런 의미가 아니라, 본래 자신이 살아가는 데에 필요한 먹거리를 손에 넣기 위해서는 그렇게 시간이 걸리지 않는다는 뜻입니다. 인간 사회 내에서의 직무나 아이 양육을 비롯해 나이 드신 부모님과 조부모님 돌보기, 또는 인생의 의미와 깊은 맛을 느끼게 해주는 예술 행위, 종교 행위, 사색, 철학, 연구 등등 많은 것을 할 시간은 과하거나 모자라지 않고 충분히 있지만, 그를 위해서 자신을 다스리는 기본적인 것을 뒤로 미루거나 애매하게 하거나 도피해서는 절대로 안 됩니다. 그렇게 살면 자신을 다스리지도 못하고 일생이 끝나버릴 것입니다.

 쓰 **제가 존경하는 사티시 쿠마르*라는 인도인은 어린 시절에 어**

● 인도에서 출생한 철학자이자 사상가. 생태와 영성에 관한 잡지 『재생』의 편집장. 영국 남서부에 "작은 학교"와 슈마허대학을 창설했다. 저서로 DVD북 『사티시 쿠마르의 지금 여기에 있는 미래』, 『영원한 나침반』(이숲, 2011) 등이 있다.

머니가 항상 이런 식으로 말하는 것을 들으면서 자랐다고 합니다. "신은 시간을 듬뿍 만들어주셨다. 그러므로 시간이 부족할 일은 없다. 그러므로 서두를 필요가 없다." 필요한 것에 필요한 시간을 사용합니다. 가와구치 선생님은 인간이 인생에서 필요한 것을 해도 좋을 만큼의 시간이 충분히 있다고 확신하십니까?

가 네. 큰 은혜 안에 있는 "족함"을 과부족 없이 알면, 시간도 넘치거나 모자라지 않고 인생 100년 전후의 수명도 과하거나 부족하지 않습니다. 벼가 부여받은 시간은 6, 7개월입니다. 이것은 많고 적음이 없이 족한 것입니다. 모든 것은 자연스럽게 과부족이 없는 상태가 됩니다. 대단하지요?

쓰 그러나 그 "족함을 안다"는 것을 세상에서는 부정적으로 보는 견해가 강합니다. "그래서는 발전이나 진보가 없다."라든가 "그런 것은 자기만족에 불과하다."라고 하여 비판합니다. 족함을 아는 삶을 역행적으로 발전이나 창조성이 없는 삶이라고 생각하는 사람에게는 뭐라고 이야기하면 좋겠습니까?

가 　그것은 진정으로 족함을 알았던 적이 없기 때문입니다. 참는 것도 아니고 포기하는 것도 아닙니다. 이 생명의 세계와 생명의 세계에서 살아가는 것 모두 과함도 없고 부족함도 없이 충만합니다. 기쁨 안에서 살아갈 수 있도록 원래부터 그렇게 되어 있는 것입니다. 그것을 깨달아야 합니다. 부족함을 느끼고 더 나아가 구하는 것은 미혹입니다. 없는 것에 대한 집착입니다. 그 집착심에서 생긴 가치관이 잘못된 것입니다. 그 가치관에 대해 다시 반문해야 합니다. 우리 인류는 그 잘못된 가치관으로 인해 잘못된 발전을 계속해왔고, 아직도 족하지 않다고 달려가고 있습니다. 인류의 멸망을 더욱 앞당기고 불행에 빠지는 길을 달려가고 있습니다. 거기에 살아가는 기쁨은 없습니다. 더더욱 진실한 것을 구해야 합니다. 진실한 것이 아니면 마음이 충만해지지 않을 것입니다. 과부족 없는 생명의 세계를 알면 족함은 저절로 찾아옵니다.

쓰 　또 하나, 자연농은 훌륭하지만 지금의 구조로는 생계를 유지하기가 어렵다고 종종 이야기합니다. 모든 사람이 자급적인 삶을 살 수 있으면 좋겠지만 그것을 실현하기 위해서는 세상의 구조 전체를 다시 만들어야 합니다. 도시에서 생활하는 사람들 대부분은 갈 수 있는 땅이 없다는 것이 현실입니다. 그런 상태에서는, 유기농법이나 EM농법이나 관행 농업보다 더 좋다고 생각되는 것이라면 무엇이든 총동원해 보다 좋은 방향으로 가고자 할 수도 있다고 생각하십니까?

가 진정한 것을 구하는 마음과 진정한 것을 완성하는 지혜가 작동하지 않으면, 마구 추구하게 되어 계속해서 혼돈 상태에 빠지고 맙니다. 유기농법이나 다른 여러 가지 농법이 문제를 남긴다는 점을 깨닫지 못하면 문제를 근본적으로 해결할 수가 없습니다.

쓰 하지만 정치라는 것은 과정이지요. 철학이라면 이상을 그리는 것으로 족할지도 모르겠지만, 거기에서 어떤 길로 나아갈 것인가 물을 때에 그것은 저것보다는 좋다든가 낫다든가 하는 것을 생각하지 않을 수 없습니다. 그것이 정치라는 것이라는 견해도 가능하다고 생각합니다만, 어떻게 생각하십니까?

가 정치에 있어서나 한 사람의 인생에 있어서나, 또는 인간성의 성장에 있어서도 분명히 과정을 밟지 않으면 이룰 수 없습니다. 한 사람의 인간도 시행착오의 시대를 지나서 길을 얻어야 성장하고 인생도 완결되지만, 언제나 과정에서 나라는 혼란스럽고 진정한 개혁을 실현하기도 어렵습니다. 정치가는 정치가로서의 성장 과정을 거쳐 정치 무대에 서야 하며, 그때에는 짙은 구름 없는 지혜로 어디로 사람들을 이끌고 갈 것인지 보아야만 합니다.

쓰 아…… 네. 해결에 다가가는 것처럼 보이지만 결국은 악순환 안에 머문다는 거네요.

가 어느 분야에서든 본질과 올바른 가치관으로 올바른 대답을 밝힐 필요가 있습니다. 어떤 분야에서든 지향점은 "아름답고 풍요로운 자연 안에서 평화롭고 아름답고 풍성하게 살아가는" 것입니다. 사람들의 생명을 직접 책임지는 농사는 특히 소중하므로 길에서 벗어나면 절대 안 됩니다.

쓰 가와구치 선생님의 이상은 모든 사람들이 농사와 같은 일을 하는 것입니까?

가 인생에서 한때라도, 또는 작은 부분에서라도 농사에 종사하는 것이 소중하다고 생각합니다. 기본은 자신이 먹을 것은 자신이 키우는 생활을 하는 것입니다. 자급자족도 농사 생활도 삶의 기본입니다. 논밭에 섬으로써 삶의 기본이 길러집니다. 자연으로부터 벗어나서는 안 됩니다. 자연계에 몸을 두고 논밭에 섬으로써 지혜가 길러지고, 이 생명의 세계에서 어떻게 살아가면 좋은지를 이해하고 깨달을 수 있습니다. 한 사람 한 사람이 생명의 길, 사람의 길에 눈을 뜨지 않으면 비록 정치가 바른 길을 제시한다고 해도 좇아갈 수 없습니다.

자연에 부합하는 자연농의 논밭에서는 생명 있는 것에게도, 사람에게도 확실한 성장을 가져다줍니다. 그런데 인간 사회는 역할을 분담합니다. 정말로 농업을 좋아하는 사람은 농업을 하고, 정말로 교육이 좋은 사람은 교육 분야에서 일합니다. 그 교육자들의 식량을 확보하는 일은 농업을 좋아하는 사람이 맡습니다. 정치할 자질이 있는 사람은 정치 분야를 맡아 선정을 베풉니다. 정치를 하는 사람의 식량은 농업을 좋아하는 사람이 맡습니다.

쓰　자연농으로 일본인의 식량을 조달할 수 있다고 생각하십니까?

가　네, 가능하다고 생각합니다. 그만큼의 것을 가져다줄 자연계가 있기 때문입니다. 지구는 생명들의 낙원입니다. 모든 생물은 존재하는 이유가 있으며, 생물들이 살아가는 데 필요한 것은 틀림없이 보장되어 있습니다. 그 은혜를 올바르게 지속적으로 받아들일 수 있는 지혜와 능력을 인류가 가지고 있다면요. 특히 일본은 은혜로운 곳이라고 생각합니다. 일본은 벼농사와 보리농사를 중심으로 한 농경 생활을 하고 그에 맞는 음식문화를 지니고 있습니다. 각 지역이 기후나 풍토에 맞게 자연의 섭리에 따르는 올바른 재배 방법과 올바른 음식문화를 확립한다면 식량을 조달할 수 있다고 생각합니다.

쓰　**생명지역주의**bioregionalism●**라는 사고방식에서는 각 지역의 존재가 중요합니다. 좀 더 구체적으로 질문해보겠습니다. 지금 땅을 갈고 있는 사람이 어떻게 하면 땅을 갈지 않는 자연농으로 전환할 수 있을까요? 가와구치 선생님이 지적하듯이,**

●　국경이나 현 등 인간이 정한 "경계"가 아니라, 강이나 숲과 같은 지역 고유의 생태계를 중심으로 생활을 해나가겠다는 사고방식. 1970년대 전반에 미국의 환경운동가 피터 버그가 제창했다.

다른 많은 농법에서는 땅을 갈면 흙이 딱딱해지기 때문에 계속해서 갈아야 하는 악순환에 빠집니다. 이 상태에서 갈지 않는 자연농으로 이행하기 위해서는 역시 시간이 걸릴 것 같은데요.

가 시간이 걸리더라도 그 길밖에 없으므로 그것을 할 수밖에 없습니다. 그런데 시간이라는 것은 생명이 살아가는 것이고, 시간은 소비되지 않고 계속 존재하는 무한 에너지입니다. 생명의 이치인 시간에 맡겨두면 자연스럽게 풍요로운 땅이 됩니다. 훌륭한 일이지요. 처음에 다시 살아나기까지만 손을 조금 빌려주면 됩니다. 땅을 갈아서 흙이 딱딱해졌고 화학비료를 사용해서 토지가 여위고 오염되었지만, 그것들은 시간이 해결해줍니다. 생명들이 태어나고 죽는 것을 반복함으로써 해결된다는 것입니다. 구체적으로는, 작년에 자란 벼의 등겨, 밀기울 또는 볏짚이나 논두렁의 풀들을 논밭에 돌려주는 것입니다. 그렇게 하면 1년째부터 상당한 열매를 얻을 수 있습니다.

쓰 가와구치 선생님의 농장에서는 쌀겨를 어떻게 처리합니까?

가 쌀겨는 30여 년이 지난 지금의 논에는 너무 많으므로 채소를 재배하는 데 돌립니다. 양분을 필요로 하는 채소와 그렇지 않은 채소가 있으므로, 그것을 구별해 필요로 하는 채소에 돌립니다. 유채씨의 찌꺼기를 사용하는 경우도 있습니다만, 최근에 채종유菜種油는 자급하지 않기 때문에 사 와서 채소의 보충에 사용하고 있습니다. 아주 조금만으로 충분합니다.

쓰 부엌 쓰레기를 어떻게 할 것인가라는 문제도 있습니다. 도시에서는 부엌 쓰레기가 대량으로 나와 환경문제가 되고 있습니다. 부엌 쓰레기를 되도록 각자가 퇴비로 만들어 흙으로 돌려주는 방법을 생각해야 한다고들 하는데, 여기에 대해서는 어떻게 생각하십니까?

가 식생활로 인해 부엌 쓰레기가 매일 나옵니다. 그것은 그 가족을 먹이고 있는 논밭에 돌려줍니다. 퇴비로 만들지 않고 그대로 논밭으로 돌려줍니다. 그렇게 하면 작은 생물들이 그것들을 먹고 썩어서 다음의 생명으로 돌아갑니다. 썩고 있는 그 자리는 미생물이 살아가는 자리가 되어 다음의 작물이 자라나기 때문에, 다른 곳에서 퇴비로 만들지 않는 편이 좋습니다.

쓰 **부엌 쓰레기를 논밭에 뿌린다고요? 영양 과다가 되지는 않을까요?**

가 실은 최근 밭에는 과다 증세가 있지만, 한곳에 편중되지 않으면 살아 있는 논밭에 골고루 돌아가 문제는 일어나지 않을 거라 생각합니다. 가족이 살아가는 데 필요한 논밭의 면적이 충분하다면 문제는 절대 생겨나지 않을 것입니다.

쓰 **도시의 쓰레기 문제 때문에 퇴비화에 대해 여쭤본 것인데, 도시 주민은 논밭과 같은 공간을 가진 사람이 적으므로 마당에서라도 퇴비로 만들어 흙에 돌려주는 것이 쓰레기 문제를 개선하는 방법이 될 수도 있지 않을까요? 물론 그것을 가정의 텃밭 등에 활용할 수 있다면 더욱 좋을 것이고요.**

가 자연스럽게 흙으로 돌아가는 것은 좋은 일입니다. 하지만 지금 행정은 대량의 자원과 에너지를 사용해 설비를 갖추

고 부엌 쓰레기를 퇴비로 만들고 있는데, 그것은 문제가
많이 있다고 생각합니다. 자연계는 물론 자연농의 기본은
다음의 생명이 살아갈 곳에서 썩힌다는 것입니다. 과다가
된 경우에는 논밭 한쪽에 구멍을 파고 거기에서 썩혀서
논밭에 뿌립니다. 썩은 것도 흙 속에 넣지 않고 위에 뿌려
두는 것이 기본입니다.

쓰   흙 속에 넣지 않는다고요?

가   가래로 갈아 흙 속에 넣는다는 것은 자연계에는 없는 일
입니다. 문제가 생길 것입니다. 흙 속에 묻으면 썩는 과정
에서 작물의 뿌리를 더럽힌다고도 하고요. 낙엽이 밭밑에
쌓여가듯이 논밭 위에 겹쳐놓으면 됩니다. 거기에서 벼나
채소가 살아갑니다. 그것은 반드시 다음 생명으로 돌아
갑니다.

쓰   네…… 그렇군요.

100퍼센트 자력, 100퍼센트 타력

가 생명의 세계에서는 100퍼센트 자연스레 살 수 있습니다.
동시에 100퍼센트 자신이 살아가야 합니다. 그 은혜를 받
는 방법을 구현하는 것이 자연농입니다. 그러나 그 자연스
레 살 수 있다는 부분이 탈락되어 버린 것이 현대 사회에
다양한 문제를 일으키고 있는 것이 아닐까요?

쓰 **100퍼센트 타력이면서 100퍼센트 자력. 그것이 100퍼센트
자력만으로 크게 기울어져 버렸다는 것이네요. 분명히 자립
할 수 있는 것들이 고립되고 고독해져서……**

가 고립이지요. 사람이라는 생물만이 생명의 길에서 벗어난
것입니다. 생명의 세계는 모두 하나이면서 개별적입니다.
지금 살아 있는 생명도, 과거의 생명도, 미래의 생명도 분
리할 수 없는 하나의 존재이자 삶입니다. 동시에 나는 나,
당신은 당신, 과거는 과거, 태양은 태양, 각각 별도의 존재
이자 삶이기도 합니다. 지구는 지구, 달은 달이라는 존재
이자 삶입니다. 그렇게 별도의 존재지만, 그 기본은 태양

은 물론이고 모든 것이 하나이기 때문에 태어났고 지금도 살아가는 것입니다. 자연계에는 살리는 것과 삶을 얻는 것의 구별이 없는 동시에 별개이기도 한 까닭에, 나는 자신의 삶을 살아가야 하는 것이고 쌀의 생명, 생선의 생명, 다른 생명들을 죽여서 먹고 그 생명들로 인해 살아가는 것입니다. 타자에 의해 살게 되는 삶은 타자를 죽여서 살아가는 삶이기도 합니다. 내가 살아 있을 때 자연에 의해 살 수 있다는 인식을 하지 않으면 바르게 살아갈 수 없습니다.

쓰　최근 "공생", "생물 다양성", "삶을 얻는다"는 말을 자주 사용합니다. 모두 소중한 말인데, 자칫하면 "죽이고 있다", "생명을 받고 있다"는 측면을 은폐할 여지가 있어 보입니다.

가　사실에 눈을 감아서는 안 됩니다. "죽이고 있다"는 것에 시선을 주면 "살아가고 있다"는 것도 보이고 살아 있는 것의 의미가 갑자기 무거워집니다. 과거의 사체 없이는 새로운 생명의 탄생도 없습니다. 배설물 없이는 살아갈 수 없습니다. 항상 죽이면서 살아가고 배설물을 떨어뜨립니다. 잇달아 사체가 쌓이고 거기에 다음 생명이 살아갑니다. 더는 분리될 수가 없습니다.

쓰　**서로 살려주는 곳이란, 동시에 서로 죽이는 곳이네요.**

가　네. 서로 살려주는 관계는 서로 죽이는 관계입니다. 절묘한 조화지요. 절대 하나의 생명만이 그곳에서 번성할 수는 없습니다. 하지만 인간은 자신들만 번성하는 방식으로 자멸의 길을 쉼 없이 달리고 있습니다.

쓰　**자신들만 번성하기 위해 필요하다고 생각하는 것만을 선택해 다른 생명을 소홀히 하고, 쌀을 얻기 위해 다른 모든 생명을 배제한다는 식이지요.**

가　그런 방식은 이제 더 허용되지 않습니다. 자신만, 인간만이 번성한다는 것 따위는 있을 수가 없는 일이지요. 자연농의 논밭에서는 서로 죽이고 서로 살려주면서, 까닭이 있어서 존재하는 많은 생명들이 모두 하나가 되어 생명 활동을 하고 있습니다. 절묘한 질서입니다. 이것이 지구상에 있어서 생물의 기본적인 존재 방식이고, 인간 사회에서도 그래야 할 기본 모습입니다.

쓰 **알겠습니다. 하지만 자신만이 번성하는 것은 있을 수 없는 일인데도 불구하고, 인간은 인간으로서 살아가기 위해 특히 벼가 다른 생물에 지지 않고 번성하기를 바랍니다. 그러므로 논밭에서는 벼가 번성하는 것이 이른바 중심 주제인데요…….**

가 그렇습니다. 자연 그대로 맡기는 것이 아니라 벼가 다른 풀에 지지 않도록 조금 손을 빌려주는 것입니다. 자연 그대로 그냥 맡겨버리면 그것은 채집 생활이 되어버려서 확실하게 수확을 손에 넣을 수가 없습니다. 목적으로 하는 벼가 지지 않도록 적기에 적확하게 손을 빌려주고, 나중에는 맡깁니다. 조화를 흐트러뜨리지 않도록, 비非자연을 끌어들이지 않도록, 쓸데없는 짓을 하지 않도록, 하나의 논밭에 있는 생명의 영위를 무너뜨리지 않도록 해야 합니다.

쓰 **거기에 채집 생활과 재배 생활을 가르는 일선이 있다는 것이지요?**

가 그렇습니다. 자연의 섭리에서 벗어나지 않는 재배 방법을 사용하면, 자연은 항상 필요한 결실을 가져다줍니다. 매년 자연의 산이나 숲이 밤이나 버섯이나 산채를 가져다주듯이 논밭은 계속해서 은혜를 베풀어줍니다.

쓰 채집 생활에서 재배 생활로 일선을 넘을 때, 자연의 섭리라는 일선의 이쪽에 얼마나 머물 것인가가 중요한 문제네요.

가 자연계에서는 서로 살려주는 것은 서로 죽이는 것이고, 서로 죽이는 것은 서로 살려주는 것입니다. 다른 것을 살려주려는 생각으로 살아가는 것은 없고, 오로지 내 생명을 살아가는 것이 그대로 다른 것을 살려주는 길이 됩니다. 동시에 전체는 항상 조화를 유지하고 있고 스스로의 조화를 결코 흐트러뜨리지 않습니다. 그러나 인간의 경우, 집착에 빠져서 자기 위주로 판단하고 조화를 흩트리고 자연계에 큰 문제를 초래합니다. 생명의 세계는 서로 죽이고 있지만 결국 서로 살리게 되어 질서는 절대로 흐트러지지 않습니다. 항상 대단한 조화를 이루는 것입니다.

쓰   그 생명의 길의 조화를 흩뜨리지 않고 절도를 가지고 살아가는 것이 인간 본래의 길이라는 것이고, 그 지혜가 "족함을 아는 것"이지요.

가   그 절도를 놓쳐서 탐욕에 빠져버린 것이 현재의 우리 인간들입니다. 그리고 문제를 해결하기 위해 우리가 잇달아 생각해낸 것이 멸망을 재촉하고 있습니다. 대체에너지가 그렇습니다. 결국 화석연료가 없어지면, 지금을 살아가는 생명이나 인간의 식량을 에너지로 바꾸어 이용해야 하지요. 그렇게 되면 멸망은 더욱 가속화됩니다.

쓰   옥수수나 사탕수수 등으로 만들어진 바이오 연료를 말씀하시는 거지요? 화석이 될 때까지는 도저히 기다릴 수 없다는 것이겠지요.

가   네, 기다릴 수 없겠지요. 석유는 앞으로 40년, 석탄은 15년, 천연가스는 60년, 무서운 파괴력을 등에 진 지극히 위험한 우라늄은 90년 정도면 고갈된다고들 합니다. 축적된 것이 없어지니 근본을 사용하기 시작하는 것입니다. 시체 위에서 지금의 생명이 살아갈 수 있고, 지금의 생명의 시체에 다음 생명들이 살아가는 것입니다. 과거의 것도 지금의 것도 모두 다 소비해서는 안 됩니다.

쓰 생명의 시체를 밭 외부로 가져가서 에너지로 만들어버립니다. 밭을 에너지 공장으로 만들어버리는 것이지요.

가 자연계는 과거의 생명의 역사인 시체가 없으면 다음 생명의 생존이 보장되지 않습니다. 자연농의 논도 마찬가지입니다. 논에서 지금의 생명까지 빼앗으면 우리가 살아갈 수 없게 됩니다. 논에서 살아가는 데에 필요한 은혜를 받지 못하게 되는 것입니다. 그런데도 연구자나 기술자들은 바이오 에너지가 자연계나 논밭을 유효하게 이용하는 것이라 생각해 열심히 개발하고 있습니다. 우리는 어디에 살 수 있는지 기본을 몽땅 잊어버렸습니다. 진실한 것을 이해하지 못하는 어두운 지혜와 탐욕의 마음으로 대체할 수 있는 것을 생각해내면 낼수록 멸망을 재촉하게 됩니다.

쓰 같은 발상으로 문제를 해결하기 위한 방법을 여러 가지 풀어

내 봤자 그때마다 새로운 문제가 늘어난다는 말이군요. 어딘 가에서 발상 그 자체를 바꾸지 않으면…….

가 그렇습니다. 발상이 변하는 데 필요한 바른 사상과, 바른 사상에 이르는 데 필요한 생명 세계의 진실을 보는 눈과, 바르게 이해할 수 있는 깨달음이 필요합니다. 이 과도한 소 비생활에서 벗어나야 하는 것입니다. 생명의 세계에서 "족 함"을 안다면, 자연스레 살게 되면서 평화롭게 살아갈 수 있기 때문입니다. 태양은 에너지를 계속해서 지구상으로 보내 많은 생명들이 살 수 있게 합니다. 지구 자체도 태양 의 은혜가 있어서 존재하는 것입니다. 그것을 인간 본위의 욕망 그대로 소비해버리다니요. 인간의 욕망을 위해 많은 자원과 에너지를 사용해 공간을 점령하고, 설비를 갖추고 가동하는 데 또 에너지를 소비하고, 환경을 오염시키고 파 괴하며, 자연계와 생명계의 질서를 교란시켜 태양광과 열 을 줄기차게 소비해버립니다. 생명의 영위에 빼놓을 수 없 는 소중한 풍력도 마찬가지입니다. 또는 해양에서 지열에 서 수소에서…… 족함을 모르고 인간 본위의 소비를 더욱 되풀이해갑니다. 무한한 자연 에너지를 효율적으로 이용하는 것이라고 착각하고 오로지 파멸로 달려갑니다. 우리가 소비하는 것에 무한은 있을 수 없습니다. 모든 것은 유한하고, 자연계가 조화를 이루도록 하는 빼놓을 수 없는 소중한 것들입니다. 또한 오늘날에도 굶어 죽는 사람이 많은데, 인구가 더욱 증가할 앞으로의 세계에서는 식량 확보가 인류의 큰 과제입니다. 그런데도 쌀, 밀, 옥수수, 콩, 사탕수수 등에서 바이오에탄올을 만들어내고 야자 기름, 채종유에서 바이오디젤을 만들어냅니다. 어리석게도 이 너무나도 이상한 소비문명, 도시문명, 화학문명, 물질문명의 지속을 꿈꾸며 소중한 생명의 무대와 대체에너지를 맞바꿔 강제적으로 착취하는 것입니다. 이런 우리 인간들의 내적 욕망, 태만, 퇴폐를 좋아하는 성향을 끊어내지 않고는 지속할 수 없습니다. 경제를 우선시하는 오늘날의 사회, 경제 발전을 위해 소비를 추구하는 그릇된 사회, 물건과 돈을 많이 얻어서 화려하게 소비하는 것이 풍요로움이라고 착각하고 어둠에 빠져 있는 우리 인간들. 이 커다란 오류에서 눈을 떠서 기본부터 고치고 바르게 해야만 합니다.

아까 작물의 공장 생산에 관한 이야기를 했는데, 그 흐름의 의미도 생각할 필요가 있습니다. 공장에서 생산한 채소를 외국으로 수출합니다. 컨테이너 안에서 채소를 어느 정도까지 키워서 컨테이너 채로 수출하고, 그리고 그것을 사막에서 키워서 판매합니다. 컨테이너가 돌아오면 거기에 새로운 종을 심어 다시 수출합니다. 그러나 이것은 재배할 때는 물론 이동에도 많은 에너지가 들어가서 거기서 자란 야채는 연약할 수밖에 없습니다. 이는 사람의 생명을 온전히 키울 수가 없습니다. 생명의 세계가 보이지 않게 되었습니다. 살아가는 곳을 잃어버린 것입니다. 이러한 생산 방식을 생각해내는 것은 지금 시대의 첨단을 살아가는 사람들인데, 그 사람들의 지혜는 아직 눈을 뜨지 않았고 잠들어 있습니다. 진짜 지혜가 작동하지 않고 있습니다.

쓰 **첨단을 걸어가는 사람들이란 모두 어느 분야에서 전문가입니다. 하지만 그들은 총체적인 전체 모습을 보지 못한 채 단편적인 지식만 내세웁니다. 이것의 두려움을 가르쳐준 것이 농약 문제를 논한 레이철 카슨의『침묵의 봄』*입니다.**

가 그렇습니다. 예를 들면, 해충과 익충을 구별하는 것은 전체인 자연계의 존재를 잃어버렸기 때문입니다. 생명의 세

● 미국의 생물학자 레이철 카슨의 저작. 봄에 새들이 울지 않게 된 사건을 통해 DDT를 비롯한 화학물질의 위험성을 호소했다. 지구의 환경문제를 최초로 경고한 책으로 알려져 있다. 한국어 번역판은 김은령 옮김으로 2011년 에코리브르에서 출간되었다._옮긴이

계는 개별적이면서 그 근원에서는 하나입니다. "상대계"의 근원은 "절대계"라는 것이 보여야 합니다. 이 관점을 빼고 상대계에 매몰되어 버려서 익충과 해충을 구별하고 그것을 죽이는 살충제를 개발하는 것입니다. 풀과 작물을 구별하여 적으로 간주하고 그것을 죽이는 제초제를 개발합니다. 진실을 보지 않으면 익충까지 모두 죽여 자연계의 질서를 부수고 더욱더 큰 문제를 불러일으킵니다. 대체에너지도 마찬가지입니다. 채소 공장도 "신선한 채소", "청정한 채소", "훌륭한 기술"이라고 표현하는데, 그렇지 않습니다. 생명의 세계의 절묘함, 진정한 아름다움, 자연이 가져다준 무상의 은혜, 풍요로움, 생명력, 신선함, 청정함 등을 보아야 합니다. 생명력이 약한 채소를 키우기 위해 방대한 에너지를 얼마나 쓸모없이 낭비하는가를 알아야 합니다. 진정한 지혜란 진실한 것을 볼 줄 아는 것이며, 상대계를 초월한 절대계를 볼 수 있는 것입니다. 농사 분야에서도 이 진정한 지혜를 발휘하지 않으면, 제시한 해결책 모두가 거꾸로 문제를 일으켜 자멸로의 흐름을 재촉할 것입니다.

생명의 길을 벗어나지 않는다

쓰 "절대", "하나", "전체"라는 말에 대해서인데, 앞에서 이야기 한 바와 같이 지금 세계 여기저기에서 주목받고 있는 "총체적 인"이라는 생각과 이어진다고 생각합니다. 이 책은 「느린 노 트북」 시리즈의 제8권으로 출간되는데, 제6권은 우에노 케 이이치● 씨와의 대담을 담은 『슬로 메디슨』이고 부제로 "총체 적 건강론"이라는 말을 사용했습니다. "총체적"의 흐름은 의 료나 생태를 비롯해 여러 가지 분야에 침투하고 있습니다. 그 것은 원래 근대과학의 세계에서 환원주의에 대한 반성에서 나왔습니다. 환원주의란, 가와구치 선생님의 표현을 빌리면, 구별을 하고 상대화하는 것, 어떤 현상을 요소로 분할하고 그 이상 분할할 수 없을 때까지 마치 기계를 분해하는 것처럼 세분화해서 그로부터 그 현상을 설명하려고 하는 것입니다. 분명히 과학은 세분화함으로써 큰 힘을 얻고 여러 가지 성과 도 올려왔습니다. 하지만 그것은 세계를 마치 기계와 같은 것 으로 보는 기계론적인 세계관을 전제로 하고 있는 것입니다. 그러나 과학이 전문화하고 그 연구가 세부에 걸치면 걸칠수 록 그 세부의 상호 관련성을 놓치게 되고, 전체는 점점 더 보

● 번역가이자 침구사. 일본 "홀리스틱Holistic 의학협회" 부회장. CAMU Net(대체의료 이용자 네트 워크) 부대표. 저서에 「보완대체의료입문」, 공저에 「슬로 메디슨-모조리 낫는다, 홀리스틱 건 강론」 등이 있다.

이지 않게 됩니다. 가와구치 선생님의 말로 하면 "상대계에 매몰"된 것입니다.

가 다만 부분 모두를 끌어모은 것을 전체라고 생각해서는 안 됩니다. 의료에서도 많은 치료법을 전부 합친다고 해서 좋은 것이 아닙니다. 세분화한 것을 전체로 만드는 것은 아직 세분화한 영역에서 나오지 않았습니다. 생각할 때에는 상대계에 떨어지기 때문에 상대를 끌어모으는 것에 머물고 맙니다. 절대계에 서서 이 생명계의 결실의 모습을 볼 수 있는 진짜 눈과 흐림 없는 지혜를 길러야 합니다.

쓰 **"불이不二"라는 말이 있습니다. "후지" 또는 불교에서는 "후니"라고 하는데, 현상적으로 구별되는 두 가지가 본질적으로는 하나이고 일체라는 것입니다.**

가 두 개가 있지만 분리할 수 없는 하나. 또는 하나이면서 구별을 하면 두 개. 그런데 생명의 세계와 거기에 존재하는 개개에 깃든 생명에는 모양도 색깔도 향기도 없으므로, 오늘날의 과학문명은 물질을 한없이 세분화하고 분석해도 진실을 결코 볼 수가 없습니다. 즉, 물질을 보는 눈으로는 우주, 자연계, 생명계, 절대계는 보이지 않고 생명도 보이지 않습니다. 여러 가지 현상이 자연계에서 일어나지만 거기에 깃드는 생명은 볼 수 없습니다. 현미경이나 망원경으로 생명을 과학적으로 바라볼 때, 눈에 보이지 않는 생명을 포착할 수 있는 심안과 깨달음의 눈을 작동해야 합니다. 과학은 생명과 진실을 소상하게 밝히는 것이 목적이기 때문입니다.

현대의 물질문명, 과학문명, 도시문명, 소비문명이 인류의 파멸, 자연계의 파괴를 초래하게 되는 것은 생명을 보지 않기 때문입니다. 생명을 볼 수 없는 과학을 인류의 평화에 응용할 수는 없습니다. 극소의 생명, 극대의 우주의 법칙을 모르고 유전자를 조작하고, 원자력의 응용이 얼마나 무서운 것인지도 모르고 그것에 열중합니다. 농업에 있어서 유전자 조작 종자의 문제도 큰일입니다. 여러 곳에서 유전자를 조작해 자연에서는 탄생할 수 없는 생물을 다시 만들어내는 것입니다. 그렇게 만들어낸 생물이 자연계나 일상의 식생활에도 들어왔습니다. 또한 유전자만의 조합으로 새로운 생물을 만들기도 합니다. 우리는 그러한 기술이 훌륭하다고 생각하지만, 사실 그것은 인간의 무지와 어리석음으로 인한 잘못된 과학문명, 족함을 모르고 행복으로 가는 길을 잃어버린 물질문명입니다. 정말로 생명을 소상하게 밝히는 진정으로 뛰어난 과학으로 돌아가기 위해서는 시대의 첨단을 걷는 사람들이 진짜 눈, 심안, 혜안을 열고 깨달음을 얻어야 합니다.

쓰 **지금부터라도 농사를 중심으로 이 세상이 바뀌어가기를 희망하며, 가와구치 선생님이라면 10년 후, 20년 후의 사회를 어떻게 그리고 계신지 묻고 싶습니다. 지금 젊은이들 사이에서는 농사 생활을 동경하거나 그런 생활을 지향하는 흐름이 있습니다. 젊은이들은 단순한 상품으로서의 작물을 재배하려는 생각에서 벗어나, 우리의 생명을 기르는 농사야말로 우리의 생존의 기반이라는 인식을 가지고 지방으로 돌아가 자연농에 종사합니다. 지금은 아직 작은 이 흐름이 어떤 형태가 될 것 같습니까?**

가 네. 내일의 모습을 그려보면, 풍요로운 자연의 품에 안겨 부지런히 농사를 짓는 사람들의 화창하고 아름답고 평화로운 광경이 떠오릅니다만…… 그것은 꿈이자 소원이고 제대로 생각해본 적은 없습니다. 오늘 생각해낸 바른 정답이 내일의 답이기도 하고, 그것이 언제라도 통하는 보편적인 것이라면, 오늘이 바르면 내일도 바른 결과가 나옵니다. 소중한 것은 지금입니다. 그래서 내일 어떻게 될 것인가를 생각하지 않습니다. 하지만 오늘의 일을 생각해보자면, 정치가 매우 소중하므로 정치가도 행정에 종사하는 사람들도 모두 눈을 떠야 합니다. 교육자도 소중합니다. 모두 모두 소중합니다. 어른도 아이도 자라야 합니다. 정말 자라길 바랍니다. 한 사람 한 사람이 깨달음을 얻고 자연농을 하는 사람이 늘어갔으면 합니다. 한 사람 한 사람이 변하면 전체도 저절로 변합니다.

쓰 **어떤 사람은 농사일을 하며 살아갑니다. 또 어떤 사람은 평소에는 예술가지만 주말에는 밭일을 합니다. 또한 거기까지는 할 수 없지만 자연농의 흐름을 응원하고 싶다고 생각하는 사람은 그들의 쌀을 삽니다. 이런 흐름이 점점 확산되어 가면 좋다는 것입니까?**

가 그렇습니다. 그리고 이미 그러한 흐름은 여기저기에서 확실히 일어나고 있습니다.

쓰 **가와구치 선생님이 여기에서 자연농을 시작했을 때는 단지 한 사람일 뿐이었습니다. 그러나 그 이후, 많은 사람들이 가와구치 선생님을 찾아와서 자연농의 사상을 접하고 배우고, 어떤 사람은 실제로 농가를 시작하고, 또 어떤 사람은 자연농의 사상을 퍼뜨리기도 하여 조용히 계속 확산되어 온 것입니다. 이러한 전개는 예상하셨습니까?**

가 전혀 상상하지 않았습니다. 제 자신의 삶으로 시작한 것이었기 때문에 얼마나 확산될 것인지에 대해서는 관심이 없었고 세상을 바꾸려는 생각도 없었습니다. 그러므로 연구회나 강연 등에서도 "하루라도 빨리 자연농으로 세상을 바꾸어야 한다."라든가 "지금의 환경문제를 생각하면 자연농으로의 전환은 늦출 수 없다."라고 이야기하지 않습니다. 그런 이야기는 할 수 없지요. 제가 그랬듯이 삶이라는 것은 스스로 변할 수밖에 없습니다. 타인을 바꿀 수 없다는 깨달음이 필요합니다.

저는 사람들에게 "자연농을 하세요."라고 말하지 않습니다. 오히려 자연농을 하고 싶다는 사람에게 "가족은 괜찮으십니까?", "무리하지 마세요.", "자연농과 함께 무너지지 않도록 조심하세요."라고 말해줍니다. 질문을 받으면 "당신은 농업에 잘 맞지 않는 것 같습니다."라는 식으로 한번 멈춰 서서 잘 생각해보도록 촉구합니다. 저 자신이 농업으로 아이들과 가족을 부양하는 것이 얼마나 큰일인지를 알고 있기 때문입니다. 제가 반대해도 자신의 의지로 자연농으로 전환할 사람은 전환합니다. 둘도 없이 소중한 자신의 인생이니까요.

쓰 **자연농을 실천하는 것만으로는 원하는 변화가 일어나지 않는다고요?**

가 자연농은 하나의 답을 제시하고 있지만, 농사뿐 아니라 교육, 의료, 정치, 종교, 예술 등 각 분야에서 사람들의 의식이 바뀌고 가치관이 바뀌고 진정한 답을 내는 것이 중요합니다. 아카메자연농숙을 비롯해 자연농을 배우는 곳은 모두 자연농을 칭찬하지 않습니다. 사실만을 전합니다. 그리고 어떻게 살아가야 하는가를 종합적으로 배우고, 깊이 연구하고 생각하는 자리로 만들고 있습니다. 역할을 분담해 각각이 자신의 능력에 맞는 일을 하는 가운데, 진정한 답을 밝혀내고 그 답을 살아가면 됩니다. 생명의 길, 사람의 길에서 벗어나지 않도록 하면서 자기 길을 밝혀나가면 되는 것입니다.

쓰 **생명의 길, 사람의 길 그리고 자기 길. 본래 세 개의 다른 길이 있는 것이 아니라 세 길이 하나인 것이네요. 하지만 현대 사회에서는 이 세 길이 따로따로 보여서, 생명의 길이나 사람의 길을 벗어나지 않으면 나만의 길을 갈 수 없는 것처럼 보이기조차 합니다.**

가 자연환경을 파괴하는 것은 생명의 길에서 벗어난 것입니다. 재산이나 명성, 탐욕에 사로잡혀 어리석은 길로 빠지는 것은 사람의 길에서 벗어난 것입니다. 사람의 길에서 벗어나지 않도록 한 후에 자기 길을 갑니다. 즉 자신의 삶을 살면 됩니다. 그 "자기 길"은 반드시 농사에 한정된 것만은 아닙니다. 맞는지 맞지 않는지 생각해야 합니다. 실제로 자연농을 배우러 오는 사람이 예술적 자질에 눈을 떠서 도예가가 되고, 아픈 사람을 구하고 싶어서 의사가 되고, 교육의 현장에 서서 진정한 인간을 길러내는 경우도 있습니다. 당연합니다.

생명의 길, 사람의 길, 자기 길을 살아간다

쓰　**생명의 길, 사람의 길, 자기 길이라는 세 개의 길은 본래는 서로 겹쳐 있는 것임에도 종종 별도의 것으로 느껴집니다. 그것이 문제입니다. 세 길의 관계를 조금 더 설명해주십시오.**

가　예를 들면, 제가 과거에 화학비료, 농약, 제초제를 많이 사용하는 농업을 20여 년간 해왔는데, 이것은 생명의 길에서 벗어나 있었습니다. 그리고 동시에 편리함을 위해 석유를 사용하고, 제초제를 뿌리고, 보다 많은 수입을 얻기 위해 매일 일을 하고, 조금이라도 높은 가격으로 팔고 싶은 생각에 사로잡혀 있던 저의 삶은 사람의 길에서도 벗어나 있었습니다. 또한 저는 자기 길을 걸어가지 않았습니다. 저는 예술가가 되고 싶다는 생각이 강했고 농업은 좋아하지 않았습니다. 어쩔 수 없이 했었습니다. 즉 자기 길을 얻지 못했던 것입니다. 또한 생명의 길, 사람의 길에서 벗어난 자기 길은 바른 길이 아니었습니다.

하지만 지금은 자신이나 가족은 물론, 먹는 사람의 생명의 안전에도 전혀 문제를 초래하지 않고 건강하게 자란 쌀이나 채소를 만들 수가 있어서 기쁩니다. 저는 여기에 서서 사람의 길을 얻게 되었습니다. 논에서 농약과 화학비료를 절대 사용하지 않고, 땅을 갈지 않습니다. 그리하여 생명의 길을 따르고 있습니다. 이렇게 자연농을 하는 전업농가로 살았다면 이것이 곧 자기 길을 얻어 걸어간 것이 됩니다.

쓰 **훌륭하십니다. 가와구치 선생님이 말씀하시는 "자기 길"이란 단순한 직업 이야기가 아닌 것이네요.**

가 저의 경우, 결국 전업농가가 아니기 때문에 직업인으로서의 농부가 아닙니다. 그리고 예술 활동, 창작 활동을 하는 예술가도 아닙니다. 치료사도 아닙니다. 교육자도 아닙니다. 어떤 직업도 가지고 있지 않은 것이 저입니다. 무언가 하나의 일을 전문으로 하지 않고, 그것들의 요소를 전부 포함하는 "자기 길"을 걷고 있습니다.

자신의 주인이 되다

쓰 **자연농이 생명의 길과 이어지는 기본이라 하더라도 누구나 직업으로서 농사일에 적합한 것은 아니네요. 생각해보니 정말 그런 것 같습니다.**

가 자연농을 배우고 결혼을 계기로 농가의 헌 집과 농지를 사서 전업농가로서의 자기 길을 걷고자 했던 청년이 "집과 농지를 보고 가와구치 선생님의 거짓 없는 생각을 말씀해주세요."라고 부탁했습니다. 이에 "자네 인생이니까 자네가 결정하는 것이지만 내 생각을 말하면, 자네는 전업농가에 어울리지 않아. 자네가 갖고 있는 자질로 볼 때 잘 맞는 다른 일이 있을 것이라 생각하네."라고 대답한 적이 있습니다. 지금 그 청년은 다른 자기 길을 걸어가고 있습니다.

쓰   왜 농가를 권하지 않으셨습니까?

가   그 청년은 매우 열심이었고 성실해서 확실한 작업을 할 수
있었습니다. 1년째부터 벼를 잘 키웠습니다. 즐겁게 정성
을 다해 키웠지요. "정말로 좋습니다. 저는 자연농을 만나
비로소 자신의 길을 봤습니다."라고 말했지요. 하지만 그
것과 전업농가로 해나가는 것은 다릅니다. 맞고 안 맞고
자질이 있고 없고가 중요합니다. 생명은 과거로부터 이어
지기 때문에 부모로부터 이어받은 자질도 중요합니다. 누
구에게나 농사는 소중하고 정말 즐거운 일이고 훌륭한 일
입니다. 가정에서 채소를 가꾸거나 취미로 하는 원예는
누구나 시작할 수 있지만, 그것으로 생계를 유지한다고 한
다면 길을 잘못 봤을 경우가 있습니다.

쓰   자연농을 하고 싶다는 결의가 굳은 사람도 전업농가가 되는
것을 권하지 않는다는 거네요. 예를 들면 어떤 경우입니까?

가   부모로부터 받은 육체가 강인하지 않거나 농업의 기본을
모르는 경우입니다. 의식은 변혁할 수 있어도 농가에서 자

라지 않았기 때문에 농업의 지혜가 전혀 발휘되지 않는 수도 있습니다. 농업이 싫다고 하더라도 농가에서 자란 사람은 농사를 짓는 삶의 기본을 알고 있습니다. 그것은 결정적인 차이입니다. 그러므로 의식이 변화해도 신체가 움직이지 않으면 안 됩니다. 물론 열심히 하면 실력을 키울 수 있는 것처럼 신체도 움직이지만, 전업에서 하는 수준의 지혜와 능력을 몸에 익히려면 더 큰 수고가 필요합니다.

쓰   하지만 그렇게 얘기한다면, 자연농은 좀처럼 확산되지 않고 세상은 변하지 않습니다.

가   하지만 의식은 바뀝니다. 농업을 하지 않더라도 각 분야에서 일을 하며 그 의식을 전해 받는다면 좋은 것입니다. 그렇게 함으로써 "생명의 길"을 얻는 사람들이 늘게 됩니다.

쓰   그런가요? 눈을 뜬 사람들에게 계속 자연농을 실천하게 해서 일찍 확산시켜 가자는 발상도 일종의 효율주의일까요?

가   그렇다면 제가 자연농의 교조가 될지도 모릅니다. 좋지 않은 일이고 위험한 발상입니다.

쓰 하지만 가와구치 선생님을 교조로 모시고 싶은 사람도 있지 않겠습니까?

가 교조가 생겨나는 시점에서 사람의 길과 종교의 진정한 길에서 벗어나게 되는 겁니다. 신자를 끌어모아서 늘리면 안 됩니다. 교단을 유지하는 것에 비중을 기울이면 안 됩니다. 진실을 가르쳐 이끌고 진정한 자립으로 내보내는 것이 종교인의 역할입니다. 배우는 사람도 가르치는 사람을 절대시해서는 안 되고 의존하면 안 됩니다. 스스로 구해서 배우러 오는 사람도 저를 교조로 삼을 것이 아니라, 한 사람 한 사람이 자립해 자신이 자신의 주인이 되는 것이 중요합니다. 교조라는 말을 사용하려면, 한 사람 한 사람이 자신의 교조가 되어야 합니다. 어느 시점까지는 제가 선생이겠지만 그다음은 자신이 걸어가야 합니다.

쓰 석가는 교단을 조직하지 않았지요.

가　그렇지요. 하지만 석가는 제자를 깨닫게 해서 돌려보내는 방식을 취하지 않았습니다. 그래서 점점 제자들이 늘어나 대집단 대이동의 설법이 되었습니다. 그렇게 해서는 자립이 이루어지지 않습니다. 집으로 돌려보내지 않으면 각각의 무대, 각각의 길로 내보내야 합니다.

쓰　그렇군요. 감싸고 있으면 안 되는군요.

가　네. 그것은 자기 집착입니다. 집착으로 교단이나 교양을 만들면, 그것에 사로잡혀 제대로 살아가지 못하고 분쟁이 일어납니다. 한 사람 한 사람이 자립해서 진정으로 해방된 스스로의 삶을 밝히지 않으면, 구제도 받지 못하고 혼란이 일어날 것입니다.

고립을 두려워하지 않는다

쓰　자연농을 시작한 처음에는 이웃분들이 혹독하게 반응했다고 들었습니다. 그에 대해 어떻게 대응을 해오셨는지 다시 한

번 들려주십시오.

가 그렇습니다. 자연농이 곤란한 문제를 불러온다고 생각했던 듯합니다. "풀씨가 날아온다.", "벌레가 생긴다.", "지금 뭐 하는 거냐……."

쓰 하지만 가와구치 선생님은 그런 사람들의 심정도 잘 알고 있었지요.

가 그렇습니다. 그래서 입 다물고 상대방의 이야기를 듣기만 했습니다. 대답을 하지 않으면 더 화를 내는 사람도 있었습니다. 하지만 "나는 올바른 일을 하고 있다."라고 말하면 절대로 안 되니까요.

쓰 그럼 뭐라고 하셨어요?

가 "알겠습니다. 어떻게든 해보겠습니다."라고 했지요. 그 사람이 걱정하고 있는 일은 일어나지 않을 것임을 알고 있었기 때문에 그렇게 말할 수 있었던 것입니다. 실제로 그런

푸넘은 몇 년만 지나면 씻은 듯이 없어졌습니다. 하지만 농약을 사용하는 사람에게 제가 푸넘을 하지는 않았습니다. 상대를 옳고 그른가의 여부로 비판하면 상대의 입장이 없어져 더욱 대립하고 싸우게 됩니다.

쓰 **하지만 농약을 계속 사용함으로써 그 사람도 더욱 곤란한 상황을 맞았겠지요?**

가 그래도 상대가 진실을 추구하지 않으면 말해주지 않습니다. 어느 날 학교 선생이 연구회에 참가해서 바로 옆에서 관행 농업을 하고 있는 사람에게 농약이 얼마나 무서운지, 자연농이 얼마나 훌륭한지를 설명하기 시작했습니다. 교육자가 빠지기 쉬운 오류입니다. 곤란해지겠구나 하고 생각하고 있었는데, 다음 날에는 지금까지 받았던 것 이상으로 비난을 받았습니다. 구하지 않는 사람에게 일방적으로 강요해서는 안 됩니다.

쓰 **폭력을 당하거나 물리적인 방해를 받은 일은 없었습니까?**

가   그런 일은 없었습니다. 제가 대립을 하지 않았기 때문입니다. 그때그때마다 상대에게 강요하지 않는 식으로 대응해 왔다고 생각합니다. 상대가 자신을 공격하지 못하고 괴롭히지 않도록 자신만의 방식을 체득하는 것은 인간 사회를 살아가는 데 꼭 필요하고 중요하다고 생각합니다.

쓰   **괴롭히지 못하도록 하는 자신만의 방식이오? 그것은 일본 전체에서 빈발하고 있는 집단 따돌림에도 적용된다고 생각합니까?**

가   괴롭힘을 당하는 본인에게 괴롭히는 상대를 끌어들이는 요소가 있다고 생각합니다. 그 요소를 단호히 끊어내면 괴롭힘으로부터 해방됩니다.

쓰   **그것은 괴롭힘을 당하는 사람을 책망하고, 피해자에게 책임을 강요하는 것이 되지는 않겠습니까?**

가   정말 그로부터 구제받기 위해 중요한 것은 "해답은 자신의 자리에서 찾는다."라는 것입니다. 다른 것은 바뀌지 않습니다. 다른 것을 바꾸는 데 필요한 것은 다른 것을 설득하거나 억누르거나 이겨낼 강인함이 아니라, 자신의 방식을 되돌아보는 지력, 능력, 자신을 올바르게 살아가는 강인함입니다. 자신의 방식으로 답을 찾아내는 것이 최선이고, 가장 빠르고 올바른 해결책입니다.

쓰 **스스로 변할 수밖에 없다는 말씀이네요. 아마도 괴롭히는 측에도, 괴롭힘을 당하는 측에도 모두 같은 말을 할 수 있겠네요.**

가 양측 모두 대답은 자신에게 있습니다. 그리고 해결책도 자신의 자리에 있거나 또는 스스로 할 수 있는 것입니다.

쓰 **자연농을 시작할 때까지는 마을 일에도 참가하고 임원직까지 했는데, 자연농을 시작하고 나서는 참가하지 않게 되었다고 하셨습니다. 그건 왜 그러셨습니까?**

가 제게 부여된 생의 기간은 한정되어 있습니다. 시간은 살수 없고 만들 수 없습니다. 장년기에 접어들어 길이 정해지면 선택이 필요합니다. 버려야만 하는 일이 많이 있습니다. 자잘한 여러 흥미나 혼날 일, 바보 취급을 당할 일, 부끄럽다고 생각하는 일 등 지엽적인 것은 버려야 합니다. 혼이 나고 바보 취급을 당하며 30여 년을 살아온 지금은, 여러 가지 도움을 받고 지역 주민으로서의 역할도 면제받고 있습니다. 감사한 일입니다.

쓰 **바보 취급을 당할 때에도 모든 분들 앞에서 자신이 하려는 일은 이러저러한 것이다, 라고 설명하지 않습니까?**

가 하지 않습니다. 통하지 않을 것입니다. 제 일이지 그 사람 일이 아니기 때문입니다. 올바른 일을 하고 있다든가 자연농은 소중한 일이라든가 하는 말을 한 번도 하지 않고 오늘까지 왔습니다. 말하면 더욱 반발을 살 것이고 자연농을 할 수 없게 된다는 것을 알고 있었던 것입니다.

쓰 **그래서 어떻게 하셨습니까?**

가 계속 듣기만 했습니다. 그렇게 하면 상대가 "내가 너무 말이 많았나?" 하고 생각하는 경우도 있어서 그것으로 수습이 되기도 했습니다. 사실 논밭에서 답을 내주었지요.

쓰 상대방이 말하게 놔둔다고요?

가 서로 할 말이 있겠지만 저는 말하면 안 됩니다. 상식을 벗어난 사람이 제멋대로 구는 식이 되기 때문에 저는 상대가 하는 말을 철저하게 듣기만 합니다. 타인으로부터 아무리 험한 말을 들어도, 업신여김을 당하더라도, 소외되어도, 혼자서 해나갈 만큼의 강인함을 기르지 않으면 자연농이나 정말 올바른 것을 자기 인생에서 펼쳐 나갈 수 없다고 생각합니다.

쓰 마지막에는 어머니도 자연농을 이해하셨습니까?

가 자연농을 시작한 지 15년쯤 지났을 무렵에 어머니도 알게 되신 것 같았습니다. 영화 제작을 위해 했던 취재 인터뷰에서 "요시카즈, 잘했다. 열심히 노력했다."라고 말할 정도까지는 되었습니다. 어머니는 10여 년 동안 괴로워하시다

가 제가 살아가는 모습을 보고 결국은 스스로 깨달으셨
습니다.

행복은 어디에 있는 걸까?

쓰　**가와구치 선생님은 자연농에 종사하면서 행복에 대해 생각
하신 적이 있습니까?**

가　자연농 자체가 어디에 행복이 있는 것일까 또는 근저 어디
에 평안이 있는 것일까라는 되물음이라고 생각합니다. 나
날이 스스로에게 의심을 품지 않고 자신이 하고 있는 일에
도 의심을 품지 않고 살아갈 수 있을까……. 어딘가 저 너
머에 행복이 있는 것도 아니며, 이름을 얻고 재산을 많이
모은다고 해서 행복인 것도 아닙니다. 그러면 반대로 영혼
의 평안함을 상실해버리지요. 이 자연계에서 살아가며 생
명의 길, 사람의 길에서 벗어나지 않고 거기에서 "족함을
아는" 나날을 얻게 된다면, 계속 살게 될 것입니다. 또한 모
든 은혜를 부여해주는 자연계를 부수지 않는다면, 내 생

명과 가족의 생명, 인류의 생명에 평화가 보장됩니다.

쓰　**자신의 관점이나 삶대로 살라는 것이지요?**

가　예를 들면, 자연수가 팔리고 있지만, 물을 돈벌이의 대상
으로 삼게 되면 사람의 길에서 벗어나 버립니다. 그런 방식
으로는 영혼이 기쁠 리가 없습니다. 그럼 어디에 진정한 기
쁨이 있는 것일까? 그것은 자연에서 주는 물의 소중함을
깨닫는 것입니다. 그리고 이 물이 천지자연이 주신 은혜라
는 것을 깨닫고, 절대로 오염시키지 않고 혼자서 독점하지
않으며 쓸데없이 소비하지 않아야 합니다. 소중히 생각해
서로 나눈다면 반드시 족함을 얻게 되며, 거기에 행복이
있다는 것을 분명히 인식하게 되면 그 어떤 것도 마음을
어지럽히지 않게 됩니다. 그 이외의 것에 매력은 없습니다.

쓰　**앞서 말씀하신 사람의 길, 생명의 길, 자기 길, 이 세 개가 중
첩되어 있는 상태라고 할 수 있을까요?**

가　사람의 길, 생명의 길, 자기 길을 얻었을 때 행복이 있는 곳

이 구체적으로 밝혀집니다. 그 위에, 그 답을 살아갈 강인함을 기를 필요가 있습니다. 강인함이 없으면 안 됩니다. 한 사람 한 사람이 자기 길을 살아갈 강인함을 기르지 않으면 불행은 해소되지 않습니다. 이웃이나 타인이 이해해 주지 않더라도 사람의 길, 생명의 길, 자기 길이 밝혀지면 어떠한 저항을 만나더라도, 아무리 사람들이 비웃더라도 자기 길을 간다는 강인함을 가져야 합니다. 강인함이라는 것은 힘에 의존한다는 의미가 아니라, 인간으로서의 종합적인 성장 안에서 길러지는 지혜와 능력까지 포함한 강인함입니다. 그것이 필요합니다.

쓰 **그것을 어떻게 기릅니까?**

가 자기 길을 걸어가는 데에도, 사람의 길, 생명의 길을 가는 데에도 지력과 능력이 필요합니다. 얼마만큼 인간으로서 성장하고 있는가, 얼마만큼 지혜를 길렀는가와 관련이 있습니다. 그 성장이야말로 목적 없는 존재로서의 소중한 목적의 하나이고 각자에게 주어진 과제일 것입니다. 그것을 성취하기 위해 인간에게는 100년 전후의 시간이 주어져 있습니다. 벼는 불과 반년 안에 완성되지만, 사람은 반년으로는 부족하고 100년 정도는 필요합니다. 때문에 인류가 지구에 태어났을 때 자연스럽게 100년 정도의 시간이 부여되었던 것입니다.

저절로 그렇게 된 것입니다. 대단하지요. 100년 전후의 수명을 생각해서, 장년기에 들어가기 전 무렵에는 기본이 되는 세 개의 길을 획득해야 합니다. 장년기에 들어서서 자기 길을 따라 그 위에 정치, 교육, 예술, 종교, 의료 등의 분야에서 각자가 능력을 확실하게 기르고 조금씩 발휘하면 서로를 살리는 인간 사회를 확립할 수 있습니다. 이윽고 노년기에 들어서면 다음 세대를 길러내야 합니다. 한 사람 한 사람의 나날이 세계의 행복으로 이어지는 것이어야 합니다. 인류가 진정한 평화를 누리고 행복한 인간 사회가 될 수 있도록 역할, 직무, 천명을 다하는 만년의 인생을 살아야 합니다. 부모나 어른이 이것을 명확하게 하여 스스로도 성장하고, 자신의 아이와 다음 세대까지 구별 없이 키워야 합니다.

은하의 별들이 생겨나고, 태양이나 달이 생겨나고, 지구가 생겨나고, 인류가 태어나고, 다양한 생명들이 생겨나고 모두 죽어갑니다. 이들의 삶은 모두 목적이 없습니다. 그중에서 사람은 100년 전후의 생명을 어떻게 살아갈 것인가가 문제가 됩니다. 이 우주, 자연계, 생명계, 즉 절대계에 있어서는 과거, 현재, 미래의 구별 없이 항상 지금입니다. 과거도 미래도 포함된 완전한 지금을 살아가고 있는 것입니다. 동시에 과거, 현재, 미래를 구별해야 합니다. 생사가 반복되는 인류의 역사 안에서 인류 전체의 성장의 소중함, 인격 형성, 인간성의 성장의 중요함을 자각해야 합니다. 그러지 않으면 성장하지 않습니다. 스스로 구해 책임지지 않으면 성장하는 일은 결코 없을 것입니다.

제3부

대답은 여기에

한방의료와 질병으로부터의 자립

쓰　자, 가와구치 선생님은 독학으로 한방의학을 배웠는데, 의료
　　에 대한 생각을 들어보고 싶습니다. 저는 선생님을 처음 만
　　났을 무렵에 『자연농에서 농사를 넘어』라는 책을 읽고, 그중
　　에서 농사와 의료와 교육이라는 세 개의 길이 동일한 생명의
　　과정의 세 가지 측면이라는 생각에 감동을 받은 기억이 있습
　　니다.

가　질병에서 구제받고 싶다는 바람은 만인의 바람이고, 진정
　　한 의학치료학의 확립은 오랜 기간 동안 인류의 큰 과제
　　중 하나였습니다. 인류는 병이 든 사람을 앞에 두고 질병
　　치료의 역사를 여기저기에서 거듭해왔는데, 오늘날에 이
　　르러서는 서양의학이 주류가 되었습니다. 지금 세계에서
　　는 서양의학의 현장에서 일어나는 제반 문제를 해결하기
　　위한 대체 의료로서 한방의학을 최고봉에 자리매김하고
　　있습니다. 지금도 진정한 의학을 추구하고 있지만, 거기에
　　서 거론되는 한방의학은 진정한 한방의학이 아닙니다. 서
　　양사상에서 생겨난 것이 서양의학, 동양사상에서 생겨난

것이 동양의학이라고 할 때, 그 동양사상에서 생겨난 한방의학을 거론하는 것이라면 그것은 진정한 한방의학이 아닌 것입니다. 사실 한방의학은 서양, 동양의 구별을 넘어선 곳에 있는 생명의 의학이고, 어느 시대에서나 통하고 모든 사람들의 모든 질병을 고칠 수 있는 의학으로서 대성하고 있습니다. 인류는 이미 완성된 의학치료학을 가지고 있었던 것입니다.

그 한방의학은 약 2000년의 역사를 지닌『상한론』,『금궤요략』*이라는 고전 의학서에 제시되어 있습니다. 이 의학서는 중국의 후한 시대에 장중경張仲景**이라는 사람이 한자로 집대성한 것으로, 그보다 이전의 많은 사람들이 오랜 세월에 걸쳐 연구해온 것입니다. 그 서문에는 "오늘날의 사람들은 신체의 소중함을 잊고, 지위나 명예나 재산 등 없는 것에 마음을 빼앗기고, 사람들도 의사도 모두 몸을 여위게 하고, 정신을 퇴폐하게 만들고 있다."라며 지나친 도시문명의 황폐와 사람들의 어리석음을 탄식하고 있습니다. "의사는 사람을 알고, 사람을 사랑하고, 사람을 도와주어야 하는데도, 의학을 공부하지 않고, 지위나 명예나 재산에 사로잡혀 권세를 쫓아다니고, 사람들도 잘

● 두 책 모두 장중경의 저서로 중국 최고最古의 의학서이다. 상한傷寒(급성 열병)에 대해서는『상한론』에, 잡병(만성병)에 대해서는『금궤요략』으로 전해지고 있다. 후세의 의학에 지대한 영향을 끼쳤다.

●● 중국 후한 시대의 의사. 일족 200명의 절반이 상한으로 죽은 후 치료법을 연구해『상한론』을 저술했다고 한다.

못된 생활을 하면서 잘못을 고치지 않고, 존엄한 신체를 가벼이 여기고 병에 걸려서, 의사에게 간원을 해도 의사는 고칠 수 없게 되었고 잇달아 죽어간다. 100년의 생명을 받았는데도 그것을 다하지 못하고 죽어간다. 남은 가족은 꺼이꺼이 울고 참으로 한탄스러워한다. 의사라는 것은 밤낮으로 연구하고, 자신의 건강을 지키고, 부모 형제, 부자, 가난한 자의 구별 없이 병으로 고생하는 사람을 치료하고, 생활이 곤궁한 사람에게는 돈을 주어 보내야 하는 것이다. 오늘날의 사람들은 사람의 길을 완전히 잃어버리고 말았다. 이래서는 이렇게 훌륭한 의학이 잊혀버릴 것이다. 그래서 책을 저술하여 이 의학을 인류를 위해 남기고자 한다."라고 서문에서 기술하고 있습니다. 대단합니다. 중국에 건너간 승려가 이 의학서를 일본으로 가져와 많은 한방의들이 연구를 거듭했습니다. 메이지 시대에 들어가기까지는 한방의료가 중심이었습니다.

쓰   **그 서문은 정말 현재 세계에도 꼭 들어맞는 이야기네요.**

가   그 당시에도 이미 자연의 섭리에서 벗어난 도시문명이 발달하고 있었습니다만, 현대는 더불어 과학문명도 발달하고 있습니다. 만든 것은 반드시 부서집니다. 하루라도 빨리 눈을 뜨지 않으면 큰일입니다.

쓰 **파괴의 규모가 거대해지고 있습니다.**

가 어둠에 빠지고 있습니다. 의학도 메이지 시대에 들어 이 한방의학을 버리고 길을 잃어버렸습니다.

쓰 **일반적으로 "한방"이라고 하는 것은 가와구치 선생님께서 말씀하시는 한방의학과는 다릅니다. 서양의료밖에 모르는 많은 사람들은 그 한방의학의 세계를 상상하는 것조차 어렵다고 생각합니다. 그런 독자들을 위해서라도 한방의학에 대해 기본적인 것들을 말씀해주십시오.**

가 한방의학, 치료학에 대해 무엇부터 이야기해야 잘 전달될지 정말 망설여집니다. 사실을 통해 이치를 꿰뚫어 보는, 이렇게 훌륭한 의학을 이미 인류는 가지고 있다고 전하고 싶은 생각이 너무나 깊고 강하기 때문입니다. 고전서를 엽에 두고 30여 년 가족의 질병을 치료하고 친구들과 지인들의 병과 마주해왔습니다만, 거듭할수록 그 훌륭함과 완전함에 감명을 받고 믿음이 깊어졌습니다. 지금은 돌아가신 어머니를 비롯해 아내, 세 명의 아이들을 30여 년간 이 한방의학으로 살려왔습니다. 병의 근본 원인을 해결해 원인이 있어서 생긴 결과를 아주 깔끔하게 치유해주었던 것입니다. 그 치유력은 생명의 이치를 넘지도 않고 못 미치지도 않으며 신속합니다. 한방약은 좀처럼 듣지 않는다고 하지만 사실과는 달리 효과가 빠릅니다. 새로운 감기의 경우, 신속하고 적확하게 대응하면 한방약 한 모금이 목을 넘어가면서 상쾌하게 치유해줍니다. 만성이 된 병은 그에 비해 치유되기까지 시간이 필요합니다. 하지만 한 모금에 치유할 수 있는 한방약을 오진을 해 처방하면, 한 모금에 더욱 악화시켜 병에게 끝까지 몰리는 상태가 되고 한 모금에 죽일 수도 있습니다. 치유하는 약이 독이 되기도 하는 것입니다. 이것은 의사의 치료 능력과 관계되므로 의사의 책임이 큽니다. 따라서 의술을 행하는 자는 공부하고 연구를 쌓아가야 합니다. 또한 한방약은 일반적으로 부작용이 없다고들 하지만 그럴 리가 없습니다. 복용하는 한방약은 자연계에서 현재 살아가고 있는 것, 이미 죽어 있는 것입니다. 식물이 주를 이루고 동물과 광물, 액체로는 물, 식초, 술, 그것들의 전체 또는 부분을 사용합니다. 또는 배설물도 사용합니다. 모두 성질과 작용이 반드시 있으므로, 분명히 해서 필요로 하는 곳에 필요량을 사용해야 합니다. 오늘날 많은 곳에서 그러하듯이 성질과 작용을 과학적으로 분석해 하나의 성분으로 추출해 사용하지 않고 전부 그대로 사용합니다. 잘게 썰어서 벌꿀 등을 섞어 환으로 만들거나 분말로 만들어 복용하거나 30~40분을 끓여서 추출한 탕약을 복용합니다. 매일매일 일어나는 신체의 변화에 대응해 가감을 하고, 치유가 되어 필요가 없게 되면 신속하게 종료합니다. 어떤 때에도 정확하게 판별하는 능력이 필요합니다. 처음 진단을 할 때 병의 전체를 조망하여 진찰하는 망진望診, 손발의 맥을 짚어보는 맥진, 배꼽을 중심으로 한 배 부분을 살펴보는 복진, 혀를 살피는 설진, 그리고 환자의 마음과 몸의 상태가 호소하는 것을 듣는 문진을 하고, 일상의 음식, 수면, 대소변의 상태 등을 묻고 답을 내서 치료를 개시합니다. 즉, 작용이 나타나기 때문에 자세한 보고에 따라 생약을 가감해가면서, 환자와 치료자가 이인삼각, 즉 일체가 되어 치료에 이르는 것입니다.

원인을 다른 데서 찾아내 치료를 하는 것이 아니라, 오로지 내부 문제를 잘 살펴봅니다. 원인이 되는 바이러스나 세균을 확정해 적으로 삼고 그것들을 죽여서 퇴치하는 것이 아니라, 환자의 신체에 손을 써서 다른 것에 침범당하지 않도록 다시 묻고 다시 세워서 해결합니다. 생약은 자연계에 있는 것을 사용하지만, 독과 약은 정해져 있지 않습니다. 항상 먹는 쌀이나 보리, 밀, 콩, 팥부터 독약이기도 한 부자^{附子}나 대황^{大黄}, 망초^{芒硝} 등에서 작용을 이끌어내기도 합니다.

쓰 **지금 독약이라고 하셨나요?**

가 네. 원기가 부족한 사람이 감기에 걸렸을 때 사용하는 마황부자세신탕이나 마황부자감초탕 등에는 부자가 조합되어 있습니다. 사냥할 때 사냥감을 잡을 화살 끝에 바르던 그 독약이 부자입니다.

쓰 **투구꽃의 뿌리를 말린 것을 말하는 거네요.**

가   그렇습니다. 생명의 세계에서는 해충, 익충의 구별이 없듯
이 독과 약의 구별이 없고, 정해지지도 않았습니다. 사람
의 건강체에 해가 되기 때문에 독이라고 정했습니다만, 건
강체에는 독이더라도 죽음에 다다른 사람이 독약인 부자
를 먹고 생명을 되찾기도 하는 것입니다. 그러므로 한방의
학은 환자의 생명력과 병의 상태나 내용을 밝혀서 답을
찾아내는 치료입니다. 물론 오진이나 판단 착오를 하게 되
면 죽음으로 내몰리게 됩니다.

쓰   그렇군요.

가   또한 원인이 있는 장소에 따라서도 치료가 달라집니다. 원
인이 몸의 표면에 있는데 몸이 닫힌 경우에는 표면을 열게
만드는 치료를 하고, 감기가 안으로 들어가 변비가 되고
출구가 막혀버린 경우에는 출구를 열고 내보내는 치료를
합니다.

쓰   막힌다는 것은 어떤 것입니까?

가   감기 초기에는 감기가 몸 안에 들어오지 못하도록 신체가 스스로 몸의 표면을 닫아 대응을 합니다. 그 상태를 말합니다. 모든 것과 일체의 존재로부터 고립되어 따로 떨어진 상태입니다. 외사外邪란 한기寒氣나 서기暑氣, 습기, 바람, 사기邪氣, 악기惡氣, 바이러스나 세균을 말합니다. 외사에 신체의 올바른 기능을 손상당할 수 있습니다. 그러나 치료는 외사를 문제시하지 않고, 손상당해 닫혀버린 신체에 작용해 그것을 열고 우주 외계와 작용하도록 치료합니다. 치료는 생명의 강약을 바르게 판별해야 합니다. 예를 들면, 감기 초기에 생명이 강하면 갈근탕, 약하면 계지탕을 처방하는 등 환자의 생명의 정도에 따라 다르게 판단합니다.

쓰   **그렇군요. 앞 장에서 했던 괴롭힘에 대한 이야기 중에서 "답은 자신에게 있다, 거기에밖에 없다."라고 말씀하신 것과 겹치는군요.**

가   생명의 세계에서 기본이 되는 방식입니다. 생명이 강한 사람의 경우, 피부를 닫고 외사를 안으로 들어오지 못하도록 할 정도의 힘이 있기 때문에 외사가 몸의 표면에 그대로 붙어 있습니다. 그러나 닫혀 있기 때문에 작용을 하지 못하고, 신체 안에서도 혈액이나 물이나 기가 돌지 못해 정상의 기능을 하지 못하게 됩니다. 같은 감기라도 치료는 동일하지 않고, 사람에 따라 생명의 강약, 병의 장소, 병의 정도가 다르기 때문에 환자에 맞춰서 치료합니다. 예를 들면, 이미 감기가 안으로 들어와 토하거나 설사를 하는 경우에 갈근탕 등으로 몸의 표면을 여는 치료를 하면, 감기는 낫지 않고 더 심해집니다. 원인이 있는 장소가 변화했기 때문입니다. 병의 장소에 따라 다르게 치료합니다.

강함, 약함 그리고 질병

쓰 한방의학에 대한 이야기를 들었는데, 몇 가지 질문을 해도 괜찮겠습니까? 우선 생명의 강함과 약함에 대해서입니다. 존귀하다는 점에서는 동일하지만 생명에는 강약이 있다고 가와구치 선생님은 말씀하셨습니다. 지금의 세상은 기본적으로 약한 것을 잘라버리는 사회입니다. 강한 것이 좋은 것으로 여겨지는 것처럼 보입니다. 하지만 저는 강함이나 약함은 과연 가치의 상하나 우열을 나타내는 것인가 하는 의문이 듭니다. 강하든가 약하든가 하는 것은 항상 상대적이고 시기나 맥락에 따라 점점 변해가는 것이기도 합니다. 예를 들면 소년기와 장년기가 다르고, 여름과 겨울이 다르고, 아침과 밤이 다르다는 식으로 말입니다. 또한 어느 문화에서는 강한 것이 다른 문화에서는 약한 경우도 있습니다. 물론 같은 인간에게도 강함과 약함이 있으므로, 무엇으로 그 사람이 강한 사람인지 약한 사람인지 판단하는 것일까 하는 것도 의문입니다.

가 질병 치료에 관한 이야기입니다. 생명에 관한 것이지 인간의 가치나 능력의 우열을 이야기하는 게 아닙니다. 생명에는 강약이 있다고 할 때, "생명"과 "강약"이 지시하고 있는 것을 알아야 합니다. 생명이 깃든 신체에 강약이 있다는 것은 각자 스스로의 일이고, 모두가 같다는 것은 있을 수 없습니다. 한 사람에게도 건강하고 강할 때와 피곤해서 생명이 약해질 때가 있으니 그것을 구별할 줄 알아야 합니다. 상대적으로 보는 것이 아니라 절대적으로 봄으로써 정확히 구별할 수 있습니다. 쓰지 선생님이 말씀하시는 것처럼 청년기와 노년기의 구별이 있고 여름과 겨울의 구별이 있지요. 그것들을 구별해 생활하듯이 강약을 구별해 치료를 합니다. 절대적인 한곳에 상대적인 구별이 있습니다. 다른 것의 의미를 알아서 다른 것을 밝혀내야 합니다.

또한 이것은 인격 이야기나 인간성의 이야기가 아닙니다. 인간 사회에서 상대계에 빠져 대립적인 것들을 보게 되면 불행한 문제가 생기고 맙니다. 쓰지 선생님이 말씀하시는 것은 사람으로서의 정이 없고 사람의 길을 잃어버렸기 때문에 생기는 문제로서, 신체와 신체를 존재하게 하는 생명에 강약이 있어서 생기는 문제가 아닙니다. 제가 앞에서 이야기한 강약은 개개의 생명의 강약입니다. 육체와 생명은 분리할 수 없는 것이기 때문에 육체의 강약이라고도 할 수 있습니다. 사람의 생명과 육체에는 차이가 있습니다. 인간을 차별하는 것이 아니라 생명 스스로가 다른 것이며, 별개이고 차이입니다. 생명의 세계에는 같은 것이 있을 수 없습니다. 어떤 면을 보더라도 차이가 있고 다릅니다. 강하고 약함에 있어서 그 별개들을 정확하게 판단해, 약한 사람은 원기를 회복시켜 건강체가 될 수 있도록 치료해야 합니다. 건강체의 기준을 어디에 둘 것인가라는 문제도 있지만, 100년의 생을 살아가기 위한 강함이라고 해도 좋습니다. 그 생명력을 되돌리는 것, 그것이 치료입니다. 생명이 강한 사람에게는 공격적인 스파르타식 치료를 하고, 생명이 약한 사람에게는 보강해주는 온정적인 치료를 해야구제할 수 있습니다.

쓰 **그렇다면 약하게 태어난 사람은 약함을 운명으로 받아들일 수밖에 없다는 것입니까?**

가 운명으로 받아들일 수밖에 없습니다. 모든 생명의 강약은 다르기 때문에 받아들이고 지금을 살아가야 합니다.

쓰 **하지만 강한 사람에게도 약한 곳은 있습니다. 약한 사람에게도 강한 부분이 있듯이. 생명의 강함과 약함을 말할 때, 강한 사람의 약함은 어떻게 되는 것입니까?**

가 육체의 강약, 내장 내부의 강약, 그리고 질병 치료를 말하는 것입니다. 한 인간 전체의 생명력이 강하더라도, 위만 약하거나 장이 약하거나 청년 시절에 술을 너무 많이 마셔서 간이 약한 사람이 있습니다. 또는 태생적으로 신장이 약한 사람도 있습니다. 자신의 삶에서 비롯된 약함은 태생적인 운명이 아닙니다. 태생적인 경우에는 우선 받아들이고 살아갈 수밖에 없습니다. 태어나면서부터 허약하다면 허약 체질을 개선하는 치료를 합니다. 장이 약하고 만성 설사가 있다면, 장을 건전하고 강하게 하는 치료를 해주면 설사의 고통으로부터 해방됩니다. 한방치료는 약한 부분을 강하게 만들어 구제할 수 있습니다. 반드시 생명의 강약을 분명히 구별해 치료를 해야 합니다.

쓰 **장애에 대해서도 여쭤보고 싶습니다. 예를 들어, 사고로 장애인이 되었거나 태어나면서부터 장애를 지니고 있는 사람은 어떤 의미에서는 약함을 껴안고 있는 사람들입니다. 그 약함과 생명의 약함은 다른 것입니까?**

가 태생적이든 사고든, 장애와 생명의 강약은 전혀 별개이고 다른 이야기입니다. 장애가 있더라도 생명이 강한 사람이 있고, 약한 사람이 있습니다. 심신 장애가 없는 사람도 그렇습니다. 그런데 부모로부터 물려받은 선천성의 질병은 운명이라고 깨닫고 그것을 전제로 치료를 바르게 한다면 반드시 낫습니다. 과거의 질병도 이제는 의학으로 고칠 수 있습니다.

쓰 전에 언급하셨던 총체적 의료에 대해서인데, "총체적"은 "전체"를 의미하는 "whole"에서 나온 말입니다. 그 "whole"은 건강을 의미하는 "health"나 치유를 의미하는 "healing"의 "heal"과 어원이 같다고 합니다. 그래서 생각해보면, 질병이란 전체의 균형이 깨지거나 무너진 상태이며, 건강이란 그 균형이 잡힌 상태라고 할 수 있을 것 같습니다.

가 과연 그렇습니다.

쓰 모두가 이어진 하나의 세계, 가와구치 선생님이 말씀하신 절대계 안에서, 어떤 종류의 연결이 상실되고 균형이 무너진 상태가 병이라고 할 수는 없을까요? 하지만 질병이란 동시에 그러한 연결을 자신 안에 소생시키는 하나의 계기, 깨달음도 될 것입니다. 그렇다면 질병이라는 것은 매우 중요한 역할을 하는 셈이고, 질병이 나쁘고 건강이 좋다는 것은 너무 단순한 이야기일지도 모르겠습니다.

이전에 『슬로 메디슨』을 같이 집필하신 우에노 케이이치 선생님과 오사카에서 토크쇼를 한 적이 있습니다. 그때 앞쪽에 진을 치고 우리의 이야기를 열심히 듣던 여성들이 있었는데 모두 눈에 띄게 건강하고 생기가 넘쳐났습니다. 나중에 이야기를 해보니 암 환자 모임의 회원들이었습니다. 모두 한결같이 인생 중에 병에 걸리고 나서 가장 행복하다고 했습니다. 질병이 있어도 행복할 수 있다……. 더 이야기한다면 질병 덕택에 행복하다는 것도 분명 있다고 생각합니다.

가 낫고 싶다, 병에 걸리고 싶지 않다, 건강하고 싶다 등등의 소망은 모든 사람들의 변하지 않는 보편적인 소망입니다. 병은 싫다, 건강이 좋다는 것은 단순하지도 단편적이지도 않습니다. 암 환자가 건강하고 생기 있게 보이고 행복하다고 하는 것은, 정신적으로 구제받는 길을 손에 넣어 깨달음을 얻었기 때문입니다. 하지만 그것은 정말로 구제받은 것은 아닙니다. 의사는 질병을 치료하는 것이 의무입니다. "질병은 신이 내려주신 고마운 선물"이라고 받아들여 "오늘날까지의 잘못을 깨닫게 해주는 것이므로 섣불리 고치지 않는 것이 좋다."라고까지 생각하는 경우도 있는데, 말도 안 되는 것입니다. 육체에 작용을 가해 암의 진행을 멈추고 암이 진행되고 있는 세포를 정상으로 돌려놓는 것이 의사 본래의 책무입니다. 그것을 할 수 없다고 해서 정신론으로 해결하고자 하는 것은 의사로서의 기본을 게을리하는 것입니다.

쓰 **그러나 영적인 치료가 용태를 좋게 해준 사례가 있는 이상, 의사가 그런 영향은 모른다며 끝내버리는 것도 성실하지 못한 것 아닙니까?**

가 의사는 마음과 정신과 삶, 가치관과 인생관과 식생활에 영향을 미쳐 환자를 이끌어 가는 것을 게을리해서는 안 됩니다. 의사의 일은 신체에 작용을 가하는 것입니다. 치료라는 가장 중요한 것을 빠뜨려서는 안 됩니다. 정신적인 것을 강조하는 것은 종교인의 영역입니다. "그 정도는 자신이 깨닫지 않으면 안 된다."라고 말할 수도 있습니다. 질병을 기회로 여태까지의 인생, 삶, 가치관, 식생활, 사상 등을 되돌아봐야 합니다. 그러나 단순히 정신론을 설파하는 것뿐이라면, 신경을 더욱 병들게 해버릴 수도 있습니다. 아직까지 깨달을 수 있는 능력을 기르지 못한 사람은 자신을 책망하기도 합니다. 의사는 말로 마음을 치유하고 길을 보여줌과 동시에, 환자의 신체를 다시 일으켜 세워야 하는 것입니다.

쓰 **아까 "답은 자신에게밖에 없다."라고 하셨는데, 병에 걸리는 것도 문제가 자기에게 있다고 생각하시는 건가요?**

가 별개가 아니라 하나이기 때문에 문제는 양쪽에 있습니다. 자연계는 삶을 주는 동시에 죽이기도 합니다. 바깥 온도가 조금 변한 것만으로도 우리는 생존할 수 없는 존재입니다. 하지만 다른 것은 바꿀 수 없습니다. 또한 문제는 내 신체에서 일어나는 것이므로, 내 신체의 문제를 해결해야 합니다. 예를 들면, 한기를 강하게 느끼면 몸을 녹이고 옷을 여러 겹 입습니다. 이미 신체 안에 한기가 침입해 배가 차가워지고 아파서 설사가 난다면, 생약의 작용으로 배를 따뜻하게 하고 원기를 불어넣어 주면 낫게 됩니다. 이와 같이 다른 것을 문제시할 것이 아니라 내 신체에 생긴 문제를 밝혀내고 신체를 회복해나가야 합니다. 그렇게 함으로써 정신도 재건되는 것입니다.

쓰　자신 외에 다른 것은 바꿀 수 없기 때문이지요. 상대를 적으로 삼지 않는다고 해도 좋겠지요. 이것은 서양의료와는 대조적인 태도입니다. 다만 제가 이렇게 여러 가지 의문을 제시하는 것은 "자기 책임론"에 대한 위화감이 있기 때문입니다. 평화 활동이나 봉사 활동으로 이라크에 갔던 사람들이 유괴되는 사건*이 있었습니다. 그때 책임을 그들에게 물면서 피해를 당한 사람들을 공격했지요. 이것은 그 무렵 고이즈미 정권에서 추진하고 있던 신자유주의적인 정치의 흐름과도 합치되는 것이었습니다. "자기 책임"이라든가 "자기 노력"이라는 명목하에 복지를 포기하거나 교육을 점점 경쟁적으로 만들어서, 약육강식의 가치관이 순식간에 온 세상에 퍼져버렸습니다. 거기에는 구조 조정을 당하거나 노숙자가 된 사람도 모두 자기 책임이라고 하는, 약자를 떼어내 버리는 강자의 사상이 포함되어 있습니다. 저는 이것이 싫습니다. "답은 자신에게밖에 없다."라는 것은 이미 가와구치 선생님의 설명을 듣고 받아들였지만, 아직 마음에 걸리는 것은 괴롭힘 당하는 사람

●　이라크 일본인 인질 사건. 2004년 4월 7일, 이라크에서 일본인 세 명이 무장 세력에게 구속되어 4월 15일에 풀려난 사건을 말한다. 당시 인터넷을 중심으로 자작극이라는 둥의 중상모략도 난무했다.

이 그 괴롭힘을 "끌어들이고 있다"는 표현입니다.

가 그거야 물론 괴롭히는 편이 나쁘지요. 그러나 괴롭힘을 해
결하기 위해, 상대를 바꿀 수 없다면 자신을 바꿀 수밖에
없습니다. 괴롭힘을 당하기 전에 괴롭히지 않는 사람이 되
는 것입니다. 또한 원인이 되는 것을 깊이 통찰해봐야 합
니다. 자신이 상대를 끌어당기고 있다는 자각은 중요합니
다. 자신의 "치료 방식"의 문제입니다. 자신이 똑바로 서는
방식과 의존하는 방식이 있습니다. 예를 들면, 아이들이
어머니에게 매달리는 것은 약하고 스스로 설 수 없기 때
문입니다. 그래서 아이들은 어머니의 마음을 정으로 끌어
당기고, 어머니는 부모의 마음으로 그에 자연스럽게 응합
니다. 의존하는 방식이 상대를 정으로 끌어당기는 것입니
다. 그래서 행복해지는 경우도 있지만 불행해지는 경우도
있는 것입니다.

쓰 깊이 들어가자면 사상 이전의 인간의 삶에서도 어떤 종류의
의존이 있었습니다. 한편으로 지금은 테러가 횡행하는 시대
입니다. 걸어 다니는 것만으로도 희생자가 되는 경우도 있습

니다. 그럴 때에도 "자신 쪽에 문제가 있다."라는 발상이 성립하겠습니까?

가 그 이야기는 또 별개의 이야기입니다. 테러에 희생당하는 등 서로 닮은 불행은 수없이 많습니다. 무차별 테러는 용납할 수 없습니다. 용납할 수 없는 테러를 낳는 국가의 이기주의도 용납할 수 없습니다. 그런데 이미 발생해버린 불행한 결과는 역시 마찬가지로 받아들이지 않으면 안 되는 것들이 많습니다. 나 자신의 마음이 맑다면 불행을 느끼지 않을 수도 있습니다. "몇 분 일찍 지나갔으면 살았을 텐데…….", "가족과 언쟁이 붙어 늦게 나가는 바람에……." 등등 우연의 안쪽에 있는 필연을 주시해 깨달을 수밖에 없는 불행도 많습니다. 이것은 엄혹한 생명의 세계의 운명이기도 합니다. 생명의 세계에서는 선인과 악인의 구별 없이 생명을 앗아갑니다. 예를 들면, 지진은 선인과 악인의 구별 없이 모두의 생명을 빼앗아 갑니다. 이럴 때에도 "그런 일도 있나……." 하고 되묻곤 합니다. 더욱 적극적으로 말하자면 생과 사는 하나의 생명 활동이고 사건입니다. 생과 사는 같은 비중이고, 생이 기쁨이라면 사 또한 기쁨입니다. 많은 것을 깨달아야 할 인생입니다.

내팽개치지 말고

쓰 저는 제 어머니가 병에 걸려 돌아가시는 과정을 지켜보며 "고친다"와 "낫는다"는 말에 대해 생각하게 되었습니다. 이 두 개의 말을 가와구치 선생님은 어떻게 사용하십니까?

가 사람이 치료하는 것을 "고친다"고 하고, 생명의 이치 안에서 저절로 나아가는 것은 "낫는다"고 합니다. 또한 "낫는" 것처럼 "고치는" 것이 치료자가 하는 일입니다. 고친다든가 돕는다든가 하는 것은 오만이 아니라 사람으로서 자연스러운 행위이자 의사의 책무입니다.

쓰 저는 되도록 의사나 병원에는 의존하지 않으려 합니다. 예를 들면, 때때로 목이 아프기도 하지만 시간이 지나면 인후통이 없어집니다. 이것은 "낫는" 것이지요?

가 그것은 낫는 것입니다. 그래서 낫지 않으면, 고쳐야 합니다. 그러지 않으면 목에 문제가 생깁니다. 고치면 낫습니다.

쓰 "고친다"와 "낫는다"의 경계가 어디에 있는지를 확정하는 것은 어렵습니다. 예를 들어, 약은 먹지 않더라도 목 안쪽에 양치질을 하는 사이에 낫는 수도 있습니다. 저는 과거에 운동을 하다가 허리를 다쳤습니다만, 최근에는 저 나름의 체조나 지압, 요가를 하면서 문제가 일어나지 않도록 하고 있습니다. 이런 것은 낫고 있는 것일까, 고치고 있는 것일까, 고치지 않아도 좋아지도록 하는 것인가, 분명하지 않습니다. 이러한 것도 "고친다"에 들어가는 것입니까?

가 그것은 고치는 행위입니다. 그 결과로 낫고 있습니다. 또는 미연에 고치거나 미연에 방지하는 것입니다.

쓰 하지만 낫는 것은 고치는 것의 결과로서만 있는 것이 아니지요. 서양의료의 문제는 그것을 인정하지 않는 데 있습니다. 즉 자기 치유력이라는 것을 제대로 인정하지 않지요. 그러므로 왜 낫는가라는 관점이 결여되어 버립니다.

가　자기 치유력 또는 자연 치유력은 즉 생명력을 말합니다. 생명력이 약한 경우에는 자기 치유력은 없고 죽음을 향해 갑니다. 그런데 서양의학은 진정으로 낫는다는 것을 모릅니다. 더욱 커다란 문제는 진정으로 낫는 방식을 모르는 의학이자 치료입니다. 그것은 바꿔 말하면, 왜 병에 걸리는지 진정한 원인을 알 수 없다는 것입니다.

쓰　아토피나 꽃가루로 인한 병 등이 학생들 사이에서 증가하고 있습니다. 한편으로 새로운 화학물질과 관련된 여러 가지 병도 생겨나고 있습니다. 가와구치 선생님 자신도 농약 때문에 고생하셨습니다. 우리 눈에 보이는 곳에서는 변하지 않는 것 같지만 세계는 물리적으로 크게 변하고 있습니다. 전자파에 의한 피해도 있고 환경오염도 눈에 보이지 않는 것이 많습니다. 이산화탄소의 농도도 눈에 보이지 않습니다. 보이지 않게 되었을 때는 이미 늦었다고 하는 것들뿐입니다.

　　우리는 이러한 새로운 세계에서 살아가고 있기 때문에, 일어나는 질병에 대응하는 것만으로는 도저히 쫓아갈 수 없습니다. 한편, 많은 사람들이 자연농과 한방의료라는 해결책에 다다르기까지는 아직도 시간이 걸릴 것 같습니다. 그래서 진짜 해결책이라고는 할 수 없어도 여러 가지 차선책을 생각해 시작할 수 있는 것부터 시작하는 것이 필요하다고 생각하는데, 어떻게 생각하십니까? 예를 들면, 아이들을 위해서라면 많은 사람들이 유기농 작물이나 무농약 식품을 우선으로 선택합니다. 그런 사람들에게 이 농법은 진정한 해결책이 될 수 없다든가 식이요법은 불충분하다든가 하는 식으로 지적하는 것만으로도 좋지 않을까요? 차선책으로 우선 할 수 있는 것을 하고 조금이라도 좋은 것을 더욱 발전시켜 나가는 것입니다. 그것이 계기가 되어 보다 근원적인 방향으로 전체를 바꿔갈 수 있지 않을까요?

가 그렇습니다. 진정한 길에 이르는 것에도 성장에도 과정이 있고 오류의 수정에도 과정이 있어서, 하룻밤에 대혁명은 일으킬 수 없고 일어나지도 않습니다. 각자의 자리에서 기본이 되는 해답을 찾는 것과 동시에, 할 수 있는 것부터 답을 향해 묵묵히 계속 걸어가야 합니다. 또는 걸어가면서 진정한 답을 찾아야 합니다. 하루라도 빨리 답을 얻어서 그 답을 살아가야 하는 것입니다. 그런데 인간 모두가 깨닫고 답을 얻을 수 있는가 하고 물으면, 그건 쉬운 일이 아닙니다. 그 안에서 최선의 선택을 하는 것이지요.

쓰 그거야 그렇지요. 가와구치 선생님의 생각에 사상적으로는 공감하지만, 사실상 도회지에 살고 있는 많은 이들은 소비자이고 자연농을 시작하려고 해도 땅이 없습니다. 그러한 우리에게는 "오늘 저녁밥은 어떻게 하지?"라는 눈앞의 현실이 있는 것입니다. 그리고 지갑을 열어보면서 자연식품점을 갈 것이냐 보통 가게를 갈 것이냐 망설이게 됩니다.

가 그 어느 쪽도 걱정이라는 현실이 있으므로 판별하기 어렵지요. 정말 곤란한 오늘날의 인간 사회입니다. 어떻게든 고치지 않으면······. 정말로 좋은 사회가 되기를 바랍니다.

쓰 네, 그렇지요. 그래도 그런 모순을 안고 가면서 자연식품점을 선택하는 사람이 있습니다. 저도 아마 그중의 한 명일 겁니다. 그런 사람들에게 어떤 조언이 가능할까요?

가 지금 이 시대에 생을 받았다는 운명을 깨닫고, 살아가는 것을 감사하게 생각하는 것이 중요합니다. 불안이나 집착에 빠지지 말고, 감사하다고 생각하며 나날을 보내지 않으면 살아가는 것이 괴로워질 것입니다. 여러 가지 문제를 모두 운명으로 받아들이고, 동시에 자신이 살아가고 있는 곳에서 문제를 해결해야 합니다. 적극적으로 진정한 답을 얻어 내 생명을 살아가는 것입니다. 생명의 세계를 보면 절묘하게도 과하거나 넘침 없이 살아가고 있다는 것을 알게 됩니다. 도회지가 싫다면 도회지를 벗어나서 자연이 풍요로운 시골에서 생활하십시오. 살아갈 각오를 하고 지금 필요한 종자를 뿌렸다면 반드시 결실을 맺을 것입니다. 해답을 얻고 한 발자국 내디디면 확실하게 자신의 소망을 살아갈 수 있습니다. 남은 시간을 소중히 여겨야 합니다. 이 시간, 이 인생은 다른 것과 바꿀 수 없습니다. 어떻게 해서든 살아갈 수 있고 행복을 손에 넣을 수 있는 것입니다.

쓰　도회지는 이제 벗어나는 것이 좋다고 생각하십니까?

가　반드시 그렇지는 않습니다. 맞을까 맞지 않을까 생각해야 합니다. 생명의 길, 사람의 길, 자기 길을 포기하지 않고 밝혀내고 해답을 살아가면 행복은 어디에나 있습니다. 포기하지 말고 내팽개치지 말고 길을 밝혀서 적극적으로 살아가는 것입니다. 길을 밝히는 데에 자연농이 하나의 실마리가 될 것입니다.

쓰 **도회지에 살던 사람이 시골로 가서 "아! 이러한 삶이 있을 수 있구나." 하고 깨닫고 그 깨달음과 함께 도회지에서 살아가는 것과, 그것을 전혀 모르고 살아가는 것은 다르지요.**

가 그것은 크게 다르고, 중요한 차이입니다. 그러한 의미에서도 교육이 중요합니다. 모르기 때문에, 어리석기 때문에 문제가 생겨나고 불행이 시작되는 것입니다. 경제, 교육, 의료, 예술, 종교, 정치 등 각 분야에 종사하는 사람들이 생명의 길, 사람의 길, 자기 길을 알고 깨달을 수 있도록 어른들 스스로가 눈을 뜨고 다음 세대의 젊은이들이 눈을 뜰 수 있게 해주는 것이 중요합니다.

쓰 **도회지에 살면서 직접 생산 활동을 할 수는 없어도 생명의 길과 사람의 길을 걸어갈 수 있다는 말이지요?**

가　네, 말씀하신 대로입니다. 도회지 자체도 시골과 마찬가지로 우주에 있습니다. 대부분은 사람의 손으로 만들어진 것이지만, 거기에 매몰되지 않고 의식이나 존재에서 우주를 얻고 자연을 얻어야 합니다. 시골에 살고 있어도 우주를 얻지 못하고 자연을 얻지 못하면 진정한 평안과 평화에 다다를 수 없습니다. 또한 도회지의 소비자와 시골의 생산자는 일체의 존재입니다. 소비자가 살아가려면 생산자를 살려야 합니다. 생산자가 살아가고자 한다면 소비자를 살려야 합니다. 진정한 답을 살아가기 위해서도 공생 관계가 성립되지 않으면 살아갈 수 없습니다. 여기에 이르기 위해서는 양자가 우주를 얻고, 생명의 세계를 얻고, 자연계를 얻고, 사람으로서 바른 길을 얻는 것이 필요합니다.

쓰　의료에 관해서도 동일하게 이야기할 수 있을까요? 즉 한 사람 한 사람이 스스로의 병을 치유하는 자로서 자립할 수 있으면 좋겠지만, 거기까지 다다르기는 좀처럼 쉽지 않습니다. 의사를 필요로 하는 환자가 될 수밖에 없지요. 일종의 소비자가 되는 셈입니다.

가　말씀 그대로 서로 살리는 관계입니다. 치료자는 환자로 인해 살아가고, 나아가 성장합니다. 환자의 병을 치료함으로써 치료자로서 더욱 성장할 수 있는 거지요. 환자는 치료자에게 구제받고 살 수 있습니다. 이렇듯 서로 살리고 키워주는 관계를 쌓아가는 것입니다. 치료자와 환자가 살아가는 데 있어서나 능력을 기르는 데 있어서나 모두 서로 살려주는 관계인 것처럼, 도회지에 살면서 안전하고 생명력이 있는 음식을 얻으려면 생산자를 살려주는 방식이 필요합니다. 조금이라도 싸게 사려고 하면 안 되고, 생산자도 조금이라도 비싸게 팔려고 생각하면 안 됩니다. 양쪽이 살아갈 수 있는 선이 있어서 그 안에서 살아갈 수 있는 것입니다.

쓰　**비싸게 팔린다는 이유로 유기농업으로 전환하는 사람들도 있지요.**

가　그와 같은 부가가치를 구하면 안 됩니다. 상대를 살려주는 방식이 아니면 자신도 죽습니다. 길에서 벗어나 있기 때문에 불행이 오는 것입니다.

자기 몫을 살아가다

쓰 우리는 1999년에 "나무늘보클럽"이라는 NGO를 결성한 이래 "슬로라이프"라는 말로 잠자는 것, 쉬는 것, 천천히 차분한 속도로 살아가는 것의 의미를 물어왔습니다. "24시간 싸울 수 있습니까?"라는 영양 드링크제 광고가 있을 정도의 시대에 "느슨해지다.", "어슬렁거리다.", "한가하게 지내다."라는 것의 가치를 다시 찾고 싶었습니다. 강인하게 자립한 인간들이 강함과 빠름을 경쟁하는 것이 요즘 사회라는 이미지가 있지만, 그렇지 않습니다. 모두가 정도가 어떠하건 간에 의존적이고, 약한 인간이 약한 나름대로 살아가고 있습니다. 모두가 지니고 있는 약함을 서로 인정하고 주위 사람들과 같이 돕고 서로 보충해줘야 합니다. 인간은 오히려 약함을 고삐로 해 이어지고 공동체를 만들어 함께 살아가는 존재이지 않습니까? 자연의 제약을 극복하는 것이야말로 인간의 강함이라는 생각은 버리고, 자연의 은혜에 전면적으로 의존하면서 자연의 위대함에 외경의 마음을 품고, 동시에 그 은혜에 감사하며 살아가야 합니다. 그러한 의미에서의 "약함"이나 "취약함"을 나무늘보라는 상징으로 표현하고 있는 것입니다.

우리가 소중히 여기는 말 중에 "적당함"이라는 말이 있습니다. 나쁘게 말하면 무책임하고 칠칠하지 못하다는 의미의 "적당함"이고, 좋게 말하면 사물을 조절할 줄 안다는 의미의 "적당함"이기도 합니다. 그리고 최근에는 "딱 알맞다."라는 말도 소중한 말이라고 생각합니다. 사람들은 각각의 문화 안에서 "딱 알맞다."라는 감각을 가지고 있습니다. 수백 년, 수천 년 동안 길러져 온 독특한 감각이기는 하지만, 어느 문화에도 그에 해당하는 것이 있다는 의미에서 보편성을 지닙니다. 그것이 가와구치 선생님이 말씀하신 "족함을 알다."와 통한다고 생각합니다. 그러나 선진국 사람들은 개발도상국이라 불리는 나라의 사람들이 일하는 것을 보고 "일할 의욕이 없다."라거나 "게으름 피우고 있다.", "칠칠하지 못하다."라고 심하게 이야기합니다. 그것은 "족함을 알지 못하는" 사람들이 "족함을 아는" 사람들을 봤을 때 품게 되는 인상인 것입니다.

최근의 신문기사에 "농업법인"이라는 것이 다뤄졌습니다. 농업을 시작해서 흑자를 내고 있는 것으로 평판이 나 있던 기업의 사장이 "이대로는 게으름뱅이도 살아갈 수 있는 세상이 되어버린다."라며 우려를 표했습니다. 그의 말에 따르면, 복지 따위는 일체 관두고 더욱 경쟁적인 사회로 만들어, 문제가 생기면 모두 자기 책임으로 돌리는 것이 좋다는 것입니다. 한 편 우리는 약한 자도 게으름뱅이도 살아갈 수 있는 사회가 있다면 그곳에서 살고 싶을 것입니다. 병자, 신체장애자, 노인, 갓난아이, 그 가족들……. 그들은 어떤 기준에서 보면 모두 약한 사람들입니다. 하지만 그 사람들과 함께 살아갈 수 있는 세상이 "좋은 세상"이 아닐까요? 가와구치 선생님은 게으름뱅이도 살아갈 수 있는 세상에 대해서 어떻게 생각하십니까?

가 우선 게으름뱅이 동물이 게으른 삶을 사는 것은, 게으름뱅이로서 완수할 수 있는 것이지 결코 게으름을 피우는 것이 아닙니다. 그것으로 족하고 더는 필요가 없기 때문입니다. 인간이 게으름뱅이에게서 분수를 배우는 것은 중요합니다. 생명의 세계에서는 게으름을 피우거나 그렇지 않거나 과부족 없이 각각 각자의 생명을 완수하고 있습니다. 인간만이 그 알맞은 정도適度를 쉽게 깨닫지 못하는 것입니다.

농업법인의 사장이 지적한 것에도 일리가 있고, 쓰지 선생님이 지적한 것에도 일리가 있습니다. 또한 문제도 포함하고 있습니다. 인간에게는 인간으로서의 생명을 완수하기 위해 필요한 것이 있습니다. 또한 "몫"이 있고, 그 몫을 분별하지 않은 결과 일어나고 있는 것이 현재의 환경문제를 비롯한 여러 가지 문제들입니다. 각각이 각자의 몫을 살고 바르게 생명을 완수해야 합니다. 또한 집단이나 사회의 측면에서 이야기한다면, 사람에 따라 생명의 강약이 다르고 지력과 능력의 차이가 있으므로, 그것을 분명히 해서 각각의 몫을 깨닫고 각각의 생명을 야무지게 살아가야 합니다. 그리고 부족한 것은 서로 보완해 살아갑니다. 사회는 역할 분담, 서로 돕기, 서로 키우기, 서로 살려주기를 기본으로 성립됩니다. 예를 들면, 갓난아기는 어머니에게 안겨 있으면서도 모유를 먹으면서 갓난아기로서의 몫을 살아갑니다. 모유를 먹는 아이에게 어머니는 대리자가될 수 없습니다. 또한 장애를 안고 있는 어른도 도움을 받으면서 자신의 생명과 자신의 역할과 자신의 능력에 따라 살아갑니다. 늙어서는 젊은이의 도움을 받고 스스로 노년기를 살아갑니다. 신체가 불편해지면 사회로부터 가족으로부터 도움을 받습니다. 도움을 받은 내 생명을 살아가면서 내 역할을 다합니다. 그것이 사람의 길을 터득한 인간 사회입니다. 자신의 생명을 스스로 살아가는 것이나 몫에 따라 능력에 따라 사정에 따라 역할을 게을리하는 것을 게으름 피운다고 하고 이것을 자신이나 타인에게 허용한다면, 사회는 쇠퇴하고 퇴폐로 이어져 결국에는 살아가면서 죽음의 냄새를 피우고, 죽음에 이르거나 인류의 멸망에 이르게 되는 것입니다. 행복한 삶을 추구할 때, 서로 도움을 줄 때, 이것을 확실하게 해야 합니다. 안이함을 좋아하고, 게으름을 극복하지 못하고, 퇴폐와 친숙해지고, 살아가는 것으로부터 도피하고, 나아가 죽음을 좋아하는 성정을 아울러 갖고 있는 것이 우리 인간이라는 사실을 알아야 합니다. 오늘날의 도시문명, 물질문명을 좋아하고 황폐, 퇴폐, 멸망으로 달려 나가는 것은 우리 인간의 내면에 있는 바로 이 문제들로 인한 것일 수도 있습니다. 저는 중학교를 졸업하고 바로 농부가 되었습니다. 태양이 떠 있는 동안에 일을 마치고 귀가하면 뭔가 뒤가 켕기는 기분이 들었습니다. 하지만 해가 질 때까지 열심히 일하고 귀가하면 "아, 잘했다. 일도 많이 진척되었다." 하며 상쾌한 기분이 들었습니다. 태양이 떠 있는 맑은 날에 논밭에 가지 않고 빈둥거리면 죄악감을 느꼈습니다. 어머니는 항상 일하라고 말씀하셨습니다. 비가 오는 날에는 비 오는 날의 일이 있어서, 그것을 하지 않으면 다음 일을 할 수가 없기 때문입니다. 그 이상으로 일을 하면 무언가 안심이 됩니다. 쓰지 선생님이 말씀하시듯이, 일이 끝나면 마음 두지 않고 쉬고, 비가 오면 한가롭게 편히 쉬는 것도 중요한데 말입니다. 좀처럼 그걸 깨닫지 못하고 실행할 수 없는 우리지만, 반드시 극복해야 합니다.

농부는 비가 올 때도 새끼줄을 꼰다든지 하는 여러 가지 일이 있어서, 농업으로 생계를 세우기 위해서는 나름대로 시간이 필요합니다. 게으름 피우지 않고 가족을 먹여 살리기 위해서는 노력해서 일하고 수입을 얻어야 합니다. 물론 돈을 더 벌고 싶다고 밤낮 없이 일하고, 인간의 몫을 망각하고, 족함을 알지 못하고, 신체를 혹사하고, 생명의 길에서 벗어나서는 안 됩니다. 생명의 세계를 마주하고 있으면 인간의 몫을 깨닫게 되고, 여유 있는 나날과 아무것도 없어도 마음이 풍요로운 "족함"을 아는 인생이 되는 것입니다. 모두 정말 그렇게 되기를 바랍니다. 인류는 족함을 알고 과부족 없이 살아갈 수 있도록 성장해야 합니다.

다시금, 강함과 약함에 대하여

쓰 지금 세상에는 약육강식의 사상이 폭을 넓혀가고 있습니다.

가 그렇지요.

쓰 오늘날에는 어느 종의 강함을 몸에 익힌 사람들이 더욱 많아
졌고 그런 사람들이 세상을 지배하고 있습니다. 약한 사람들
은 점점 버려지고 맙니다. 약한 사람들이 설 곳이 없어져 갑
니다. 하지만 앞에서도 얘기했듯이 같은 인간 안에도 강한
곳과 약한 곳이 있습니다. 또한 강한 날도 있는 반면 약한 날
도 있습니다. 그리고 인간의 일생도 변화합니다. 그렇다면 강
함과 약함이라는 것은 그다지 절대적인 구별이 아니라고 할
수 있습니다. 그럼에도 사회는 점점 더 약육강식으로 기울어
가고 있습니다. 그래서 가와구치 선생님께 이렇게도 집요하
게 강함과 약함에 대해 질문을 하는 것입니다. 즉 약함은 따
로 극복해야 할 것이 아니라 약한 나름대로 살아가는 것입니
다. 인간 모두는 약함을 지녔기 때문에, 더욱 우리는 사회를
형성하고 관계와 유대를 형성해서 서로 지탱합니다. 서로 이

어짐으로써 보다 즐거울 수 있습니다. 그러므로 어떤 의미에서는 우리는 약함의 덕택으로 인간으로 살아가는 즐거움을 향수할 수 있다고도 할 수 있지 않을까요?

가 우선 쓰지 선생님께서 말씀하시는 약육강식의 세계에서의 강함과 약함의 문제가 있습니다. 하지만 그것과는 별도로, 내 생명을 내가 살아가는 데 필요한 강함과 약함이라는 것이 있습니다. 한 사람 한 사람이 자신의 생명을 살아가야 하는 것입니다. 게다가 이 사회 안에서 해답을 찾아 살아가야 합니다. 살아가는 데에는 강함이 필요합니다. 각각의 인생을 실현하는 데에도 강함이 필요합니다. 이것을 사람의 길을 잃어버린 곳에서 생겨나고 있는 약육강식, 약자를 버리는 인간 사회에 적용해 이야기하는 것은 불가능합니다. 더욱이 질병 치료에 있어서 생명의 강약이 있기 때문에 구별해야 한다는 것은 전혀 다른 세계의 이야기이기 때문에, 말하는 만큼 해답은 멀어집니다. 약자를 버리는 잘못된 관행은 바로잡아야 하는데, 바로잡을 생각을 가지지 않고 약자의 이야기를 듣지 않으면 생명의 세계, 한방의 세계는 보이지 않습니다. 약육강식의 이야기는 대립 관계 안에서의 강한 자와 약한 자를 말합니다. 그것은 인간성의 문제지요. 제 얘기에서 한 사람의 인간으로서 살아가는 데 필요한 강함이라는 것은 엄혹하기도 한 이 우주 자연계, 생명계에서 살아갈 수 있는 강함을 말합니다. 그 강함을 길러야 합니다. 그 강함을 길러낼 수 있다면, 대립 관계 안에서 약자를 먹이로 삼아 그로부터 부를 취하는 잘못된 삶을 살지 않습니다. 강자가 약자를 먹이로 삼는 것은 강한 인간이 아니라 약한 인간이 하는 행동이고, 사람의 길을 버린 어리석은 인간의 짓입니다. 총명한 지혜로 자신의 생명을 진실로 강하고 힘차고 올바르게 살아가도록 자라난 사람은 그런 어리석은 짓을 하지 않습니다. 오히려 약자를 돕고 악이나 부정을 행하지 않는 삶을 살아갈 수 있는 사람입니다. 그 강함을 기르지 못한 자는 아무리 선인이라 할지라도 악인에게 멸망해버릴 것입니다. 예를 들면, 무기를 손에 넣은 인종에게 무기도 없는 평화를 좋아하는 민족이 멸망하는, 견디기 힘든 비극이 일어나기도 합니다.

진정한 의미에서의 강함을 몸에 익히고 있으면, 악인은 그에게 악을 행할 수 없습니다. 그런 방식이 가능한 것입니다. 하지만 약한 선인은 악인에게 악을 행하게 만듭니다. 예를 들면, 보이스피싱 사기가 빈발하고 있지요. 얼마나 말도 안 되는 일입니까? 착한 사람을 속여 피땀 흘려가며 소중히 저축해온 중요한 것을 빼앗는 것은 용서받지 못할 일입니다. 그러나 잘 살펴보면, 빼앗기는 착한 사람에게는 혼자서 살아갈 수 있는 강함이 부족한 것입니다. 불안에 빠지거나 달콤한 말에 속아 넘어가는 것도 약함입니다. 자신에게 엄하지 않은 것입니다. 즉 상대가 악을 행하지 못하도록 자신을 강하게 키워야 합니다. 그러한 의미에서 강함이 필요한 것입니다.

쓰 마하트마 간디의 "사티아그라하Satyagraha"를 연상했습니다. 원래는 "진리에 대한 고집"이라는 의미였던 것 같은데, "영혼의 힘"이라든가 더욱 구체적으로는 영국의 지배로부터 인도를 해방하기 위한 "비폭력 무저항 운동"을 의미하게 된 말입니다. 비폭력은 약육강식의 세계에서는 얼핏 보면 너무나 약하지만, 실은 그것이야말로 진정한 강함이라고 간디는 믿었고 그것을 실천해 성과를 올렸던 것입니다.

가 현대의 경쟁 사회에서는 다른 사람을 걸어차 내면서라도 점점 위로 향해 가는 사람이 있는 한편, 그러한 삶을 좋아하지 않는 사람도 있습니다. 그런데도 경쟁에 빠져 결국엔 지쳐서 자살해버리는 일조차 있습니다. 진정한 강함을 기르고 생명의 길, 사람의 길, 자기 길을 찾아 어디에 행복이 있는지도 깨닫고, 스스로 경쟁에서 벗어나면 좋은 것입니다. 벗어날 수 있는 강함이 필요합니다. 윗자리를 노리는 것이 아니라 자기 몫을 깨닫고 자신에게 맞는 곳에 머뭅니다. 사람들에게 "창가족"*이라 불려도, 바깥 경치를 즐기면서 여유롭게 살아가는 것에 만족하면 항상 마음이 평화롭습니다. 그 사람이 강한 사람이고, 확실하게 자신의 장소에서 나날을 보낼 수 있는 사람입니다. 거기에 다다른 사람은 약자를 걸어차 버리는 삶은 결코 살지 않습니다. 창가에서 창밖으로 내던져지는 일도 없습니다. 결코 떨어뜨릴 수 없는 것입니다. 이 강함은 깨달음으로부터 얻은 강함입니다. 약한 사람이라면, 창가족으로 몰리는 것이 불안해 영혼이 평온하지 않을 것입니다. 자신을 패자로 간주하고 고뇌하는 나날을 보내겠지요. 약자끼리 서로 가슴 아파하다가 더욱 약해지면 안 됩니다.

---

* 일본의 회사에서 창가에 자리 하나를 주고 아무 일도 시키지 않는 사람들을 지칭하는 말._옮긴이

"족함"을 알고 평화롭게 나날을 보낼 수 있다면, 다른 사람들이 자신을 겁쟁이나 패자로 보더라도 그 사람은 아무렇지 않을 수 있습니다. 경쟁에서 패한 것도 아니고, 걷어차일 일도 없습니다. 결코 상대가 악을 행할 수 없습니다. 평화로운 마음으로 안심하며 충족된 나날을 보낼 수 있습니다. 약자를 괴롭히는 일도 하지 않습니다. 그러한 강함을 몸에 익혀야 합니다.

쓰 그렇다면 "약함의 강함"이라는 표현도 가능하겠습니다. 성서에도 "힘은 약함 가운데에서야 충분히 발휘되는 것이다."●● 라는 그리스도의 말씀이 있습니다. 다른 사람들이 약함이라고 생각하는 것도 자신다운 것이라고 생각하고 "족함을 아는" 곳에 설 수 있다면, 거꾸로 그것이야말로 강함이라는 것이지요?

가 이 끝없는 우주 생명계에서 사람은 원래부터 약하고 작은 존재입니다. 강한 척하지 않고 약함을 받아들인다는 것은 이미 강한 것입니다. 약한 존재로 살아가기 위해서는 강한 정신력이 필요하고, 그것을 얻으면 진정으로 강해집니

●● 그리스도교의 신약성경 중 코린토 2서 12장에 나오는 구절이다._옮긴이

다. 사람의 슬픔이나 아픔을 알고, 타인의 존재를 받아들이고 존중합니다. 생명 있는 존엄한 존재로서 받아들이고 존경합니다. 이처럼 살아갈 수 있는 사람은 실로 강한 것입니다.

쓰 그 강함은 어디에서 용솟음쳐 나오는 것일까요?

가 살아가는 가운데 길을 얻어 자기 생명을 바르게 살아간다면, 반드시 내부에서 용솟음쳐 나올 것입니다. 그것이 생명입니다. 그 무한대의 지력과 능력을 발휘할 수 있는 것이 자연계입니다. 자연계로부터 유리되면 생명은 쇠퇴해갑니다. 사람을 길러주는 자연계 안에서 스스로가 사람으로서 크게 성장한다면, 성장하면 할수록 필요한 것이 용솟음쳐 나올 것입니다.

쓰 그 힘 말인데, 그것은 역시 관계나 유대로부터 오는 것 아니겠습니까?

가 유대로부터 오는 것은 자연스럽게 오는 것이라 떼어낼 수 없습니다. 그러나 유대에 의존하기만 하면 살아가는 지혜도 능력도 생명력도 쇠퇴합니다. 물론 사랑하는 사람과 가족, 친구나 지인이 살아갈 수 있는 의욕을 부여해준다는 것은 말할 필요도 없습니다. 사람과의 만남은 인생에서 빼놓을 수 없습니다. 살아가는 의의가 되기도 하고 지혜와 의욕, 깊은 기쁨의 정을 주고받기도 합니다. 하지만 부모로부터 물려받은 내 생명을 완수하는 데 필요한 에너지는 내 안에 있고 그 안에 지혜도 능력도 깃들어 있으므로, 쉬지 않고 양육해야 합니다. 그리고 자연계와 생명계가 있어야만 생명을 살아갈 수 있습니다. 그러므로 이 자연계를 손상하거나 무너뜨려서는 안 됩니다. 예를 들면, 벼는 작은 한 톨 안에 일생을 완수하는 데 필요한 모든 것을 담고 있습니다. 그것을 대지에 내려주면 반드시 싹을 틔워 자라나는데, 자연계와 환경이 있기 때문에 자랄 수 있는 것입니다. 환경이 갖추어져 있으면 자연히 자랍니다. 자연은 철저합니다.

쓰 볍씨에는 벼로서 살아가는 데 필요한 것이 전부 들어가 있다고 했는데, 그것은 인간의 경우에도 같습니까? 모두가 생명

의 길, 사람의 길, 자기 길을 살아갈 수 있도록 태어났는데도 쓸데없는 짓만 해서 자라날 환경을 망쳐버린다는 것인가요?

가 그렇습니다. 안으로는 내 생명을 상하게 하고, 밖으로는 다른 많은 생명이나 환경을 상하게 하는 일을 하고 있습니다. 예를 들면, 논에서도 쓸데없는 짓을 해 논밭을 망치고, 생명의 무대를 망치고, 흙을 망가뜨리거나 공기나 물을 오염시킵니다. 그리고 벼의 생명을 손상해 자기 생명마저 상하게 해서 심신을 병들게 하는 것입니다. 마찬가지로 사람의 성장에 있어서도 부모나 어른들이 잘못된 것을 거듭하고 쓸데없는 짓을 해서 성장을 방해합니다. 그래도 우리 인간은 잘못을 고치려고 하지 않습니다. 아무리 위기 상황에 처해도 행위를 돌아보지 않고 반성하지 않습니다. 인간이 잘못을 저지르지 않으면 환경문제, 자원 문제, 쓰레기 문제…… 모두를 근본부터 해소할 수 있습니다.

쓰 **여러 가지 위험이 있지만, 그래도 누구나 자신의 오류를 고칠 수 있는 가능성을 태어나면서부터 가지고 있는 것 같습니다. 그것은 희망이지요.**

가 깨닫고 있지 못하더라도 모든 생명이 그것을 희망하고 있습니다. 또한 생명 활동 그 자체가 오류를 되돌리는 것입니다. 헤매거나 바둥거리는 것도 자신의 오류를 고쳐가는 과정으로 받아들여야 합니다. 하지만 시기를 놓쳐서는 안 됩니다. 언제까지나 오류 안에 있는 것은 과정이 아니라 태만하고 어리석기 때문입니다.

쓰 헤매거나 바둥거리는 자신까지 받아들인다, 이것이 거꾸로 강함이라는 것이지요?

가 분명하게 눈을 뜨고 성장해야 합니다. 그리고 강한 척하지 않고 지금 있는 그대로의 자신으로 나아가는 것이 강함의 시작입니다. 그러면 이윽고 진정으로 강해질 것입니다. 청년기 전반에는 자신의 약함에 괴로워합니다. 약하기 때문에 혼란스럽고 갈피를 잡을 수 없습니다. 어둠에 빠지고 길이 보이지 않습니다. 그래도 더듬어가면서 필사적으로 길을 구합니다. 강하다고 착각을 하거나, 강하게 살아간다는 것의 의미도 해답도 보이지 않고, 무언가 강해지기를 바라며 몸부림치는 것을 반복합니다. 그런데 생명의 세계를 보면, 생명의 시작은 무어라고 할 수 없는 약한 모습을 하고 있습니다. 벼가 싹을 냈을 때, 작은 동물이 막 부화했을 때에도 약하디약합니다. 인간도 그렇습니다. 너무도 사랑스러운 모습입니다. 진정한 생명의 시작은 약하면서 사랑스럽습니다. 여기에서 강한 척해서는 안 됩니다. 약해서 좋은 것입니다. 약한 채로 지금을 살아갈 수 있다면 반드시 다음 단계로 성장합니다. 하지만 거기에 머물지 않고 진정한 의미에서 강해지지 않으면 안 됩니다. 성장해야 합니다. 지혜에 눈을 뜨고 진리를 보는 눈, 생명을 보는 눈, 우주의 진리를 보는 지력을 기릅니다. 해답을 찾아 살아갈 수 있는 강함을 기릅니다. 필요한 기술 능력을 몸에 익히고 인격을 형성합니다. 인간성의 성장을 이룹니다. 그것이 강해지는 것, 한 사람의 어른이 되는 것입니다.

사는 것도 죽는 것도 생명의 영위로부터

쓰　　가와구치 선생님은 죽음에 대해 어떻게 생각하십니까?

가 죽는다는 것은 부여받은 육체와 거기에 깃든 생명이 사라지는 것입니다. 물질과 함께, 인간의 신체를 있게 하고 작용하게 하는 생명이 꺼져버리는 것이지요. 죽음은 생명의 활동 중에 일어난 사건이고, 새로운 탄생은 다른 생명의 활동에서 오며, 사는 것도 죽는 것도 생명 스스로의 사건입니다. 관점을 바꾼다면, 죽는다는 것은 성육하고 성장하고 성숙해 완결되었다는 것이기도 합니다. 그리고 다음 세계로 옮겨가는 것이기도 합니다. 모습을 바꿀 뿐 다음에서 다음으로 옮겨가 끝나지 않고 계속됩니다. 하나의 생명은 유아기, 아동기, 청년기, 장년기를 살고, 청년기에서 장년기에 다음의 생명을 생육하고, 그리고 노년기를 살다가 죽습니다. 하나의 생명이 끝나는 과정입니다. 부모가 일생을 살아온 결과로 아이가 태어나 자랍니다.

쓰 그 과정은 연속되어 있어서 분리할 수 없는데, 어디부터 어디까지가 부모이고 어디부터 어디까지가 아이인가요?

가 부모와 아이는 구별 없는 하나의 존재요 삶입니다. 그런데도 동시에 부모는 부모, 아이는 아이이지요. 태어난 것들은 모두 시간의 흐름 안에서 자라고 죽습니다. 생명의 영위는 공^空의 장에서 이루어집니다. 공은 생명이 살아가는 무대이고, 시^時는 생명이 이어져 가는 것입니다. 사람은 시작도 없고 끝도 없는 드넓은 우주에서 100년 전후의 시간과 공간을 얻어 사회 활동을 하고, 그리고 죽음에 이르게 됩니다. 이와 같은 사실을 깨닫고 받아들여야 합니다. 그러나 육체에 집착하면 죽는 것에 두려움을 느끼게 됩니다. 태어나는 것도 죽는 것도 절대의 운명과 깨달음에 맡길 수 있어야 합니다. 하나의 생명에는 시작과 끝이 있고, 태어난 것은 반드시 죽음에 이릅니다. 이것들을 존재하게 하는 생명의 세계는 끝이 없고, 시작도 끝도 없이 계속 존재하며, 계속적으로 이어져 나갑니다. 하나의 생명이 죽으면 새로운 생명으로 변해 살아가게 됩니다. 생사의 순환은 끝나는 일이 없습니다.

쓰 **혼에 대해서는 어떻습니까? 죽으면 혼이 육체에서 떠나간다는 표현이 있는데, 가와구치 선생님은 어떻게 생각하세요?**

가 죽었을 때 생명은 멸하고 육체도 무^無로 돌아갑니다. 길러온 사상도 철학도, 커진 종교심, 예술성, 사람으로서의 마음도 사라집니다. 필요가 없어지니까요. 깃들어 있던 혼도 육체로부터 벗어나 우주 본체로 돌아갑니다. 시공간을 얻어 태어나는 것은 모두 수명이 있고, 그러고는 사멸합니다. 47억 년 전에 태어난 지구도 언젠가는 사멸하고, 달도 태양도 은하의 별들도 모든 물질이 다 사멸합니다. 지구상의 모든 생물들이 마찬가지입니다. 죽어서 멸하고 다시 새로운 생명이 탄생하고, 그리고 다음으로 가는 순환이 계속됩니다. 그리고 그것들을 존재하게 하는 시공이기도 한 우주 본체 역시 계속되고 끝이 없으며, 태어나지도 않고 죽지도 않습니다.

쓰 그 사람에 깃들어 있는 혼과는 다른 본래의 혼이 있다는 말씀인가요?

가 본체 또는 우주, 생명, 신, 시공 등 모든 말들이 가리키고 있는 것은 동일한 것입니다. 우주는 계속 존재하며 절대적이며 영원합니다. 모든 것은 이 우주 생명으로부터 탄생하고, 죽어서 본래의 곳으로 돌아간다고 생각할 수 있습니다.

쓰   **윤회와 전생에 대해서는 어떻게 생각하십니까?**

가   모든 것은 끝이 없는 우주 본체에서 비롯된 것이므로, 계속 돌고 돌아서 끝없이 변화합니다. 같은 곳을 순환하는 일은 결코 없습니다.

쓰   **공덕을 쌓아 다음 생에서 보다 나은 삶을 얻는다는 생각은요?**

가   선행은 자손에게도 나타나는 것입니다. 부모가 살아온 역사의 결과는 다음의 아이들에게 저절로 이어집니다. 사람은 신성과 불성을 지니고 있지만 악마성도 가지고 있습니다. 그것이 윤회한다고 생각한다면 악마성에서 일찍 벗어나야 합니다. 선성을 잘 작용하게 하여 덕을 행한다면, 그 사람은 이미 구제된 것입니다. 그것이 길을 얻어 살아가는 당연한 모습입니다.

쓰   **예를 들어, 악인에게는 몇 세대 전 사람의 업이 깃들어 있다는 것에 대해서는 어떻게 생각하십니까?**

가   그럴 수 있습니다. 악업은 이 생의 기간에 끊어버려야 합니다. 신체와 정신, 성격과 자질과 삶에 이름 없이 이어지는 업을 해결하지 않으면 자식이나 손자에게 이어집니다. 생명은 분리할 수 없고 계속 이어지므로 선덕과 악덕도 함께 가는 것입니다. 부모가 조부모의 악마성을 넘어 신성이 깊은 인간으로 자랐다면, 자식에게는 그 신성이 계승됩니다. 손자에게 계승된 질병이나 체질을 치료로 끊어내고 개선하는 것은 물론 한방의학으로 가능하지만, 빨리 끊는 것이 중요합니다.

쓰   **이야기를 다시 돌리겠습니다. 새로운 화학물질이 점점 더 많이 나오고 있습니다. 그래서 질병도 늘어나고 있습니다. 그래도 "낫는다"고 가와구치 선생님은 생각하십니까?**

가   한계가 있습니다. 자연이 아닌 화학물질로 인해 질병에 걸리는 것을 넘어 생존 자체가 허용되지 않는 상황에까지 몰렸으니까요. 개인차도 있습니다. 그러나 낫지 않는 병은 없으며, 모든 병을 고치는 생약은 자연계에 있고 인류는 이미 고칠 수 있는 의학을 손에 넣었습니다. 바로 옛날의 한방의학입니다. 30여 년을 한방의학에 종사해보니 정말 그 훌륭함과 완전함을 알게 되었습니다.

쓰 예를 들어 유전자 조작에 손을 대고 있다고 합시다. 그것도 한방으로 나을 거라고 생각하십니까?

가 깊이 생각해볼 문제입니다. 개인차와 치료 능력에 따라서도 다르겠지만, 한방의학에서 해결할 수 있지 않겠습니까? 살아서 육체가 있는 한 낫지 않는 병은 없다고 생각합니다. 그러한 생각으로 살아가고 싶습니다.

젊은이여, 답은 네 안에 있다

쓰 자, 이 책이 젊은 사람들에게 귀중한 메시지가 되기를 희망하면서 가와구치 선생님의 이야기를 들었습니다. 이쯤에서 다시 "어떻게 살아가야 하는가?"에 대해 젊은 세대들에게 이야기를 해주셨으면 합니다.

가 지금의 시대는 선인들의 오류를 해결하는 것이 불가능할 정도로 어려운 문제가 산적해 있습니다. 그러나 부모의 자손이자 선인의 자손인 젊은이들은 선인의 뛰어난 지혜를 하나도 남김없이 받고 잘못된 것에서는 벗어나서 바르게 살아가기 바랍니다. 평화와 행복에 다다르기 바랍니다.

쓰 우선, 젊은이들이 이러한 세상에 태어난 것에 대해서는 저도 마찬가지로 큰 우려가 됩니다. 그래도 살아가는 것에 감사해야 한다는 것이지요?

가 걱정이 되긴 하지만, 한 사람 한 사람이 잘못에 빠지는 일 없이 삶을 밝혀내서 각 분야의 위기 상황을 탈피하는 진정한 해답을 찾아내기를 바랍니다. 인류는 여태까지 수십만 년, 수백만 년의 역사를 거듭해왔습니다. 그 모든 경험이 한 사람 한 사람에게 각인되어 있습니다. 행복으로의 길, 평화로의 길을 걸어가 주기를 바랍니다.

쓰 실제로 세포나 유전자로 모든 것은 계속 이어지고 있지요.

가　그렇습니다. 인류의 부모는 인류가 아니고, 또한 인류는 시작도 없는 과거에서부터 계속되어 왔습니다. 생명이 살아가는 과정에서 인류의 사멸은 찾아오지 않지만, 인간 스스로의 오류로 인해 괴로워하고 죽음을 앞당겨서는 안 됩니다. 우주의 영위, 생명의 영위는 끝나는 일 없이 미래에도 계속됩니다. 현재는 모든 것이 경험한 적 없는 미지의 것들입니다. 아직까지 인류가 경험하지 않은 시대를 젊은 이들이 살아가고 있는 것입니다. 하지만 여태까지의 실패와 성공을 포함한 전 역사를 생명에 담고 경험을 이어가는 것이므로, 그 안에 길러진 지력과 능력으로 진실로 올바른 해답을 찾아내야 합니다. 해답을 내는 지혜와 능력은 자신 안에 있습니다.

쓰　답은 자신 안에 있다…….

가　그렇습니다. 해답을 내는 지혜와 능력, 그리고 생명의 전 역사가 한 사람 한 사람 안에 있습니다. 자신을 크게 일으켜 세우면 됩니다. 그리고 항상 성장에 힘쓰고 자신을 길러서 해답을 찾아야 합니다.

쓰 그렇습니까? 부모로부터 태어나기는 했지만 동시에 인류 전체의 경험을 이어받아 태어났다는 거군요. 이러한 사회에 태어난 것을 원망하거나 부모를 원망한다고 해서 어쩔 도리가 있는 것은 아니지요.

가 생명에는 시작도 없는 우주의 전 역사가 깃들어 있습니다. 태어난 것을 감사하게 생각하며 성장해야 합니다. 이 우주자연계, 생명계의 영위는 목적이 없지만 무의미하지는 않습니다. 목적 없는 존재이자 목적 없는 삶 안에서 의미 있는 것, 의의 있는 것을 만들어야 합니다. 오늘날의 인류는 어리석어졌고 빛 없는 어둠에 빠져버렸습니다. 원래부터 깃들어 있는 신성과 불성, 우주의 마음, 선한 마음, 아름다운 사람의 마음을 회복해야 합니다. 인류는 우주의 자식, 신의 자식, 천지자연의 자식인 것입니다. 자연의 마음, 우주의 마음, 신령과 부처의 마음, 본체의 마음을 원래부터 품고 있고, 그 마음의 길을 살아가는 것을 기뻐합니다. 원래 인간이란 그러한 존재입니다. 젊은 사람들은 어른들의 잘못의 근본을 다시 물어 진정한 행복으로의 길을 살아가기 바랍니다. 생명은 이어져 있습니다. 일체입니다. 젊은이가 불행에 빠지면 어른도 슬퍼집니다. 어른들도 빨리 눈을 떠야 합니다. 우리 어른이 생명의 길, 사람의 길에서 계속 벗어나 있으면, 젊은이들이 살아갈 무대는 망가지고 젊은 이들은 불행하게 쫓겨나게 됩니다.

쓰 **그러나 실제로는 생명의 길과 사람의 길에서 벗어나는 행위 가 횡행하고 있습니다. 자신만 좋다면 좋다, 자신의 세대만 좋으면 좋다, 인간만 좋으면 좋다고들 합니다.**

가 신은 인류를 뛰어나고 특별한 존재로 태어나게 했다고 생 각하기 쉽지만, 그것은 잘못된 생각입니다. 인류만이 특 별한 존재는 아닙니다. 인류도 지구 생명권에서는 다른 생 물과 동등한 존재입니다. 그런데도 사람은 사람이며 다른 동물과는 다른 생물입니다. 특수하다고 하면 모든 생물이 각각 특수한데, 사람은 특히 특수한 생물입니다. 그러므 로 잘못을 저지르면 생명계에 큰 영향을 미치고 다른 생 명에도 절대적인 영향을 끼칩니다. 생명의 세계에서 생명 의 무대를 부수고 있는 것은 인간뿐입니다. 이 이상 잘못 을 저지르거나 망가뜨려서는 안 됩니다. 하지만 자연계에 생긴 문제는 내버려두면 됩니다. 그리고 새로운 문제를 만들지 않으면 되는 것입니다. 지금 있는 문제는 시간이 반드시 해결해줍니다. 예를 들면, 제초제를 사용한 토지에 앞으로 제초제를 사용하지 않으면, 생명의 작용이 최선의 방법과 최단의 속도로 정화해줍니다. 사람이 손을 대면 안 됩니다.

쓰 **다시 돌릴 수 있다는 사고방식을 가지고 계시군요? 그럼 콘크리트를 벗겨내는 것은 어떻게 생각하십니까?**

가 생명의 무대에서 인공의 물건은 제거하는 것이 좋습니다. 실은 버릴 곳이 없지만…….

쓰 **뺄셈은 좋지만 덧셈은 좋지 않은 거군요?**

가 잘못된 덧셈은 좋지 않습니다. 예를 들면, 화학물질에 의한 토지 오염을 과학으로 해결하려고 하여 새로운 화학물질을 투입해 정화하려고 하는데, 결코 정화가 되지 않을 뿐더러 반드시 새로운 문제를 초래합니다. 내버려두면 되는 것입니다. 시간의 흐름이라는 생명의 작용에 의해 잘못됨 없이 정화가 됩니다.

쓰 **생물의 다양성이 점점 사라져 가고 있습니다. 이를 해결하기 위해서는 자연계 자체를 회복시키는 것 외에 길은 없습니까? "생태계를 소생시켜야 한다."는 논의가 있습니다만…….**

가 이 이상 무너뜨리지 않으면 됩니다. 이 이상으로 다양성을 해치는 일을 하지 않으면 됩니다. 손상하는 것으로부터 벗어나면 되는 것입니다. 고쳐서 되돌릴 필요가 없는 것이 자연계입니다. 사람의 손으로 되돌리려는 것은 새로운 문제를 초래하고, 편향되고 인간 본위의 협소한 것이 되기 십상입니다. 또한 절멸하는 생물에게 집착해서는 안 됩니다. 사멸하는 것은 사멸하고, 지금에 어울리는 새로운 생명이 반드시 탄생합니다. 자연에 맡겨두면 저절로 조화를 이루어 살아갑니다. 자연계에서 사람은 손을 대지 않아도 됩니다. 반드시 저절로 이루어지고, 쉼 없이 계속해 자연 본래의 장으로 돌아갑니다. 이 기본을 알고 나서 벌거벗은 숲에 나무를 심는 일을 하는 것 등은 소중한 일입니다.

쓰 　"자연"이라는 것은 올바른 길인 것이지요. 마야력*에서는 2012년이 세계의 종말이라는 말도 있고, 경제 체제의 붕괴, 기상의 대변동, 인류의 멸망까지 여러 가지 말들이 들려오는데, 가와구치 선생님은 세계의 대이변에 대해 생각하는 것이 있습니까?

가 　만일 2012년에 우리 인간의 잘못으로 생겨난 오늘날의 인간 사회가 붕괴한다면,** 진실로 행복하고 평화로운 새로운 사회를 다시 만들어야 합니다. 우리 인간은 잘못을 저질러 인류의 멸망을 재촉하고 있습니다. 이제는 기상의 대변동이나 환경 파괴, 오염을 초래하지 않는 삶을 살아야 합니다. 인간의 잘못과는 관계없는 자연계의 생명 스스로의 이변이나 변동은 받아들일 수밖에 없습니다. 지혜를 발휘해 최선으로 순응해가야 하는 것입니다.

쓰 　인간이 만든 체제가 붕괴해가는 조짐은 가는 곳마다 있다고 생각합니다. 상상을 초월하는 곤란이 따르는 시대가 가까워지고 있는 게 아닐까요? 물론 모두 인간이 뿌린 씨임에 틀림없고 자업자득이지만……

● 마야문명은 기원전 4세기경에 멕시코의 남쪽에 위치한 중미 지역에서 일어난 문명으로, 9세기 전후에 모습을 감추었다. 마야 사람들은 천체 관측에 뛰어나 매우 정밀한 달력인 마야력을 만들어냈다.

●● 이 책을 쓴 시점은 2011년이었다._옮긴이

가   결과와 그것들의 원인을 깨닫고 해야 할 일을 하지 않으면
안 됩니다. 오늘 인류가 멸망한다거나 세계가 붕괴한다고
하더라도, 최선을 다하며 오늘 해야 할 일을 하고 논밭에
갑니다. 각자의 자리에서 오늘도 해답을 찾아 살아갑니
다. 그것밖에 없고, 그것이 소중합니다.

쓰   **마르틴 루터*가 이런 말을 했습니다. "비록 내일 세계의 종말
이 올지라도 나는 사과나무를 심겠다."**

가   네, 오늘도 올바른 해답을 찾아내 살아가고, 평화로운 마
음으로 죽을 때까지 아름답게 살아가고 싶은 것이 우리
인간의 숙원입니다.

자연농이라는 삶

쓰   **마지막으로 정리를 하고 싶습니다. 이 책에서는 가와구치 선
생님으로부터 자연농이란 무엇인가라는 이야기를 들으면
서, 그 앞에 놓인 자연농적인 삶이라고 할까요, 자연농으로**

● 독일의 종교개혁자. 1517년, 교황청의 면죄부 발행을 비판하는 "95개조의 반박문"을 써서 교
황으로부터 파문을 당했는데, 이것이 종교개혁운동의 발단이 되었다.

부터 배우는 삶에 대해 생각해봤습니다. 자연농이라는 것은 단순한 농업기술이나 농법이 아니라, 더욱 전체적이고 더욱 근본적인 인간의 삶을 보여주는 것이라고 생각합니다. 특히 위기가 닥친 이 시대에 우리가 어떻게 살아갈 것인가라는 물음에 대한 하나의 답이라고 생각합니다.

가   인간이 살아가는 데 필요한 여러 가지 분야가 있습니다. 정치, 교육, 종교, 예술, 의학, 의료, 농업, 임업, 어업, 경제, 상업 분야…… 어느 분야에서나 바른 길이 필요하지만, 자연농의 세계는 모든 분야의 길의 기본을 보여줍니다. 생명의 길, 사람의 길을 밝히는 데 기본이 되는 것이 이 논밭에 나타나 있습니다. 농사 방식이 완성되어 있기 때문입니다. 농사 방식이 자연에 부합되어 있기 때문에, 또한 사람으로서 올바른 방식으로 할 수 있기 때문에 자연농은 모든 분야에 통합니다. 정치가가 단순한 정치의 길에만 능하고 생명의 길, 사람의 길을 얻지 못하고 정치를 한다면, 진정한 정치나 선정은 이루지 못하고 사람들을 불행에 빠뜨리게 됩니다. 사람의 길, 생명의 길을 모르고서 어떻게 농정, 국정을 해나갈 수 있겠습니까? 자연농은 사람으로서 생명 있는 것의 기본적인 방식을 보여주고 있습니다.

쓰 **그렇다면 자연농이란 단순히 농법만이 아닐 뿐 아니라 농업 조차 아닙니다. 단순히 하나의 전문 분야나 직업으로서의 농 사가 아니라, 현대인 모두가 되돌아가야 할 입각점 같은 것이 라고 해도 좋을 것 같습니다.**

가 그렇습니다. 자연농은 우리가 설 곳을 보여주고 있습니다. 우리 인류는 여러 가지를 추구하고 여러 가지 것들에 마 음을 빼앗기며 방황해왔습니다. 지금도 여전히 헤매고 있 습니다. 이제 다른 곳으로 가지 않아도 좋습니다. 추구하 는 것은 지금 서 있는 내 발 아래에 있습니다. 모든 것은 여 기, 이 자연계에 준비되어 있습니다. 이것을 자연농이 보여 주고 있는 것입니다. 오늘날의 우리 인간들은 생명의 길에 서 크게 벗어났고 사람의 길에서도 벗어났습니다. 자연농 은 생명 본래의 인간의 삶의 기본을 구체적으로 나타내줍 니다. 뛰어난 예지로 뛰어난 일을 성취해온 인류입니다. 한 편으로는 큰 잘못을 거듭한 끝에 자원을 고갈시키고 환경 을 오염시켰으며, 살아갈 무대를 부수고 많은 생명들을 존망의 위기로 몰아넣었고, 인류 스스로 멸망으로 향해 줄기차게 달려가고 있습니다. 게다가 잘못은 가속화되고 있습니다. 그것을 근본에서부터 해결하는 길을 이 자연농의 논밭이 보여주고 있습니다.

쓰 **틀림없이 인간의 생명을 길러줄 농사가, 인간의 생명에 해를 끼치고 인간의 생명을 지탱해주는 자연을 훼손하는 물구나무 상태가 되었습니다.**

가 그렇습니다.

쓰 **그러나 물구나무서기를 한 번 더 뒤집으면 좋아집니다. 여러 가지 문제를 껴안고 우왕좌왕하지 않더라도 원래 해답은 분명히 그 자리에 있습니다.**

가 네, 바로 여기, 자신의 발 아래에 있습니다. 또한 쓸데없는 것을 제거하면 거기에 진정한 길이 있다고도 할 수 있습니다. 그 외에 필요 이상으로 추구하는 마음을 버린다면, 또한 지금 손에 넣은 쓸모없는 것들을 버린다면, 살아가야 할 진정한 해답이 보일 것입니다. 진정한 해답을 살아가야 합니다.

쓰 **역시 소중한 것은 뺄셈이네요. 도회지에 살고 있는 사람들에게 논밭은 먼 곳에 있는 것처럼 생각되겠지만, 그런 도회지 사람들에게도 실은 그 발밑에는 논밭이 있고, 해답은 바로 거기에 있습니다.**

가 지구는 원래 꽃이 피고 나비가 춤추는 우주의 낙원입니다. 이제부터 우리 인간은 낙원을 만들어가는 것이 아니라, 이 낙원을 부수지 않는 삶을 살아가면 좋겠습니다.

쓰 **"인생은 무엇을 할 것인가보다 무엇을 하지 말 것인가이다." 라는 시 그대로입니다.**

마치며
가와구치 요시카즈

우주는 시작도 끝도 없이 계속 존재하고 있고, 그 넓이는 끝없이 광대무변하다. 우주에서 지구가 탄생한 것은 47억 년 전, 이 지구에 생물이 탄생한 것은 30억 년여 전, 이윽고 인류에 가까운 생물이 탄생한 것은 수백만 년 전, 지금 우리와 같은 신인류가 탄생한 것은 수십만 년 전의 일이다.

지구의 바깥은 태양, 달, 수성 등의 별들이 일단을 이루는 태양계의 생명권이고, 그 바깥은 셀 수 없는 별들의 집단이 살아가는 은하계의 생명권이고, 이러한 은하가 무수히 무리를 이루고 집단을 이루고 있다. 존재하는 별들은 헤아릴 수 없고, 이것들을 존재하게 하는 형태 없는 우주 생명계 전체는 다함이 없다. 무수한 별들이 차례차례 생기고 없어져 오늘을 이룬 것이다.

과거에 생존했던 생물, 지금은 사멸해 없는 생물, 미래에 탄생해 각자의 수명대로 얼마간 생존할 생물……. 우주의 별들 또한 그러하다. 형태가 있는 것, 태어난 것들은 반드시 살아서 성장하고, 반드시 늙어서 사멸해간다. 이 영위, 이 존재, 그리고 태어나는 것, 늙는 것, 죽는 것…… 모두가 목적이 없는 것이고, 저절로 이루어진 자연계의 일이다.

인류 또한 목적 없이 자연스럽게 탄생했다. 인류의 부모는 사람이 아니며, 남녀가 뒤섞여 역사를 거듭하다 이윽고 이 지구상에서 사멸해가는 운명 안에 있다. 생명들과 별들은, 생기지도 사멸하지도 않고 계속되는 우주 생명계에 태어나서 자라고 늙고 죽는다.

이 지구는 앞으로 몇 년의 수명이 남아 있을까? 다함이 없고 끝없이 계속되는 우주에 떠 있는 작고도 작은 이 지구. 지구를 둘러싼 지극히 얇은 생명권에 존재하는 많고 많은 생물들과 인간들. 우주에서 보면 지구의 수명은 짧고, 인류의 수명은 더욱더 짧다. 그리고 한 사람의 수명은 100년 전후, 한순간이다.

우주의 역사를 규명하는 것은 어렵고, 미처 다 알 수도 없어 불가능하다. 그 영위는 매우 희한하다. 지구의 역사 또한 그렇다. 대단한 모습으로 대단한 시간을 거쳐 오늘에 이르렀다. 인류의 역사도 그에 뒤지지 않게 대단하다. 그리고 무겁다. 모두가 지극히 작은 부분만 알 뿐이지만, 사람은 정말 대단한 생물이다.

인간이 오늘에 이르기까지 해왔던 것들……. 인간은 도대체 어떤 생물인 것인가? 인간은 이 우주에서, 이 지구에서, 대단한 행위와 행동을 해왔다. 알수록 정말로 두려운 것, 무서운 것과 어리석은 것…… 이런 것들을 해버린 생물이 인간인가? 인간은 사람을 죽이는 무기를 만들었다. 사람과 사람이 무차별적으로 서로 죽이고, 우리가 살아갈 무대인 자연계를 점점 더 부숴간다. 불행히도 자멸로 빠져간다…….
정말 우리는 무엇을 하고 있는 것인가?

다른 편으로 눈을 돌리면, 인간은 정말 뛰어난 경지에 다다른 지혜
와 능력을 가지고 있고, 마음과 정신, 정서를 가지고 의지력과 행동력,
정치력, 생활력을 발휘하고, 깊은 사상철학과 예술성, 종교성, 고귀하
고 뛰어난 미의식, 두터운 자비심, 선한 혼에서 나온 종교심, 솔직하고
겸허하고 성실한 인간성을 품은 생물이기도 하다. 인간이 이런 생물
인가 하고 생각하면 감동하게 된다. 사람이 살아가는 모습은 정말 아
름답고 사랑스럽다.

그런데도 인간은 무슨 까닭으로 우주 생명계의 길을 잃어버린 것일
까? 생명의 길, 사람의 길에 눈을 뜨지 못하고 깨닫지 못하는 것일까?
무엇 때문에 이렇게도 큰 잘못에서 벗어나지 못했을까? 인간은 끝없
는 우주에 떠 있는 작은 별, 나무가 무성하고 꽃피고 나비가 춤추는
말로 형언할 수 없는 아름다운 낙원에서 살아가도록 허락받았다. 이
러한 인간이 우주 생명계의 실상과 실체를 알고 자신의 존재의 위치
를 바로 알았다면, 눈을 뜨지 못하고 깨닫지 못한 채로 살아가지는 않
았을 것이다. 정말로 행복하게 살 수 있었을 것이다.

인간은 누구나 찰나의 인생을 살고 누구나 죽는다. 살아갈 때에는
행복하고 싶고 평화롭고 싶으며, 기쁨의 나날을 보내며 마음 평안하

고 풍요롭게 살고 싶어 한다. 또한 총명한 지혜를 갖고 싶고, 성실하고 아름답고 싶다. 인간은 지구에 탄생한 그날부터 지금까지 이렇게 계속 희망해왔다. 마찬가지로 우리 안에 있는 혼은 사람의 길, 생명의 길을 계속 추구해왔을 것이다.

이번 기회에 생명의 세계와 인간사를 주의 깊게 관찰하면서 이야기할 수 있었다. 그리하여 나의 생각은 문자로 다시 태어나 많은 사람들이 읽을 수 있도록 정리되었다. 여기까지 끌고 오고 보조를 맞추어가며 내 안에 있는 생각을 끌어내주신 쓰지 신이치 선생님, 엄청난 녹취를 맡아주신 나무늘보클럽의 바바 나오코 씨, "천천히 당黨"의 다카하시 마키 씨, 많은 것을 조용히 받아주시고 정리해주신 오쓰키쇼텐大月書店의 편집자 구와가키 리에 씨, 처음부터 가까이에서 한결같이 도움을 주신 사와이 쿠미 씨, 그리고 일이 있을 때마다 힘을 보태주시고 함께 걸어주셨던 많은 분들. 그리고 이분들의 뜨거운 생각과 소망, 깊은 마음을 길어 올려 묶어주신 "천천히 당"과 오쓰키쇼텐 출판사에게 마음으로 감사드린다. 진심으로 감사드린다.

이 한 권의 책이 큰 힘을 이루어주기를 바란다.

2011년 2월 28일
매화 향기 가득한 봄의 맑은 발자국 소리에 마음 설레는 날

254

역자 후기
"자연농"과 문화인류학의 만남

"자연농"이라는 삶의 방식에 대한 이 책이 나오기까지에는 세 명의 문화인류학자가 관여되어 있습니다. 우선 이 책을 번역한 저는 문화인류학자로서 일본 문화를 연구하고 있습니다. 메이지유신과 패전이라는 두 개의 시간 축을 중심으로 일본, 일본인, 일본 사회, 일본 문화를 연구하면서, "20년 불황"과 "동일본대지진" 이후의 일본 사회의 변화 추이를 들여다보고 있습니다. 그 과정에서 최근 "작은 삶"을 추구하고자 하는 일본인들이 늘어가고 있음을 목격하고 있습니다.

다방면으로 일본을 보고자 하는 제게 이 책을 번역해보자고 권유하신 분이 계십니다. 서울대학교 인류학과에서 문화변동과 영상인류학을 연구하시다가 정년퇴직하시고, "자연농"의 삶을 연구하시며 활동하고 계신 저의 은사 이문웅 선생님이십니다. 정년퇴직 후에도 인류학자로서 자연농에 관한 연구와 활동으로 제2의 인생을 보내시면서, 제게도 인류학의 실천으로서의 자연농에 관한 가르침을 주고 계십니다. 아마 오늘도 어딘가에서 자연농의 현장을 보고 계실 것이 틀림없습니다.

이문웅 선생님께서 일찍부터 제게 소개해주신 또 한 분의 문화인류학자가 바로 이 책의 근간이 되는 인터뷰를 주도하신 쓰지 신이치 교수입니다. 이 책은 쓰지 교수가 일본에서 자연농의 지도자로 잘 알려진 가와구치 요시카즈 선생을 인터뷰한 기록입니다. 쓰지 신이치 교수는 국내에도 슬로라이프, 에콜로지, 평화 등을 키워드로 하는 많은 책들이 번역되어 환경운동가로서도 많이 알려져 있습니다. 특히 동일본 대지진 이후에는 "포스트 311 만들기" 캠페인을 전개하고 원전 가동 반대 운동에도 깊이 참여하고 있습니다. 캐나다 선주민을 연구하던 문화인류학자 쓰지 교수는 캐나다의 숲 속에서 그때까지의 인생과는 전혀 다른 차원의 생활과 만나 인류가 안고 있는 과제와 자신의 관계에 대해 생각하게 되었으며, 그때부터 생태적인 자신을 모색하기 시작했다고 합니다.

이렇게 세 명의 문화인류학자가 "자연농"을 꼭짓점으로 모였습니다. 언제나 인간의 삶의 현장에서 문제의식을 세우고 연구하고자 하는 문화인류학은 당연히 실천을 지향하는 학문이기도 합니다. 그래서 현지조사를 나가면 그곳이 안고 있는 문제를 그곳의 사람들과 함께 생각하고 함께 움직이기도 합니다. 이와 같은 문화인류학자들의 실천적인 자세가 가와구치 선생의 자연농과 만나게 해준 것이라 생각됩니다.

자연농의 지도자 가와구치 선생에 의하면, 그것은 다름 아닌 자연=생명 본연의 행위를 따르는 것이라고 합니다. 자연농은 "땅을 갈지 않고, 비료·농약을 사용하지 않고, 풀이나 벌레를 적으로 삼지 않는" 것을 원칙으로 삼고 있습니다. 수많은 생명이 살아가는 무대를 부수지 않고 자연에 맡기면 자연이 우리를 풍요롭게 해준다는 것입니다.

하지만 "낫 하나만 있으면 된다"고 하는 이 자연농은 단순히 편리하게 농사를 짓는 방식만을 의미하는 것이 아닙니다. 새로운 삶의 방식 그리고 본연의 생명의 세계로의 회귀를 의미하고 있습니다. 우리가 그동안 만들어온 문제를 풀기 위해서, 그 문제 자체에 매달려 휘둘리는 것이 아니라 그 문제의 답을 먼저 살아가고자 하는 혜안입니다. 그래서 가와구치 선생은 영속 가능한 사회, 그것이 현대의 중요 과제라고 한다면, 그 답은 자연농에 들어 있다고 합니다.

이 소중한 이야기를 선뜻 책으로 내주겠다고 나선 눌민의 정성원 대표와 심민규 실장에게 이 자리를 빌려 충심으로 감사드립니다.

2015년 8월
옮긴이 임경택

옮긴이 **임경택**

서강대학교 영어영문학과를 졸업하고 서울대학교 대학원 인류학과를 거쳐 일본 도쿄대학교 대학원 총합문화연구과 문화인류학 연구실에서 박사학위를 취득했다. 현재 전북대학교 일어일문학과 교수와 같은 대학교 문화다양성연구소 소장을 맡고 있다. 메이지유신과 패전을 계기로 변화해온 일본의 역사와 문화를 추적하는 데 중점을 둔 일본 연구와 동아시아의 지식 공유와 교류에 중점을 둔 연구를 병행하고 있다. 주요 논문으로 「야나기타 쿠니오의 일국민속학과 식민주의에 대한 일고찰」, 「근대일본국민국가의 국민화 과정에 대한 일고찰」, 「일본의 전통적 도시공간에 관한 고찰」 등이 있고, 저서로 「'일본'의 발명과 근대」(공저), 「동북아 '집단'이해의 다양성」(공저), 「유지와 명망가」(공저) 등이 있으며, 역서로 「후쿠시마, 일본 핵발전의 진실」, 「일본 사회 일본 문화」, 「사전, 시대를 엮다」 등이 있다.

자연농, 느림과 기다림의 철학
자연농의 대가와 문화인류학자가 담담하게 나누는
새로운 삶의 방식과 생명의 길

1판 1쇄 펴냄 2015년 8월 25일
1판 3쇄 펴냄 2016년 10월 14일

지은이 쓰지 신이치 · 가와구치 요시카즈
옮긴이 임경택
펴낸이 정성원 · 심민규
펴낸곳 도서출판 눌민
출판등록 2013. 2. 28 제2013-000064호
주소 서울시 마포구 양화로 156, 1624호 (121-754)
전화 (02) 332-2486　　　팩스 (02) 332-2487
이메일 nulminbooks@gmail.com

ⓒ 도서출판 눌민 2015

Printed in Seoul, Korea

ISBN 979-11-951638-9-2 03100

• 이 책은 2014년 정부(교육부 사회과학연구지원사업)의 재원으로 한국연구재단의 지원을
　받아 수행된 연구임. NRF-2014-S1A3A2044461